漫画心理三国

我是曹操我怕谁（下）

一号首长的心理秘密

陈禹安——著　苏凝——绘

東方出版社

图书在版编目（CIP）数据

我是曹操，我怕谁：一号首长的心理秘密．下／陈禹安 著；苏凝 绘．—北京：东方出版社，2012

ISBN 978-7-5060-4451-6

Ⅰ.①我… Ⅱ.①陈… ②苏… Ⅲ.①曹操（155～220）－人物研究 ②社会心理学－通俗读物 Ⅳ.①K827=342 ②C912.6-49

中国版本图书馆 CIP 数据核字（2012）第038267号

我是曹操，我怕谁：一号首长的心理秘密（下）
（WO SHI CAOCAO，WO PA SHUI）

作　　者：陈禹安著　苏凝绘
责任编辑：燕霜玉
出　　版：东方出版社
发　　行：人民东方出版传媒有限公司
地　　址：北京市东城区朝阳门内大街166号
邮政编码：100706
印　　刷：北京中新伟业印刷有限公司
版　　次：2012年4月第1版
印　　次：2012年4月第1次印刷
印　　数：1—8000册
开　　本：880毫米×1230毫米　1/32
印　　张：6.75
字　　数：150千字
书　　号：ISBN 978-7-5060-4451-6
定　　价：28.00元
发行电话：（010）65210059　65210060
（010）65210062　65210063

如有印装质量问题，请拨打电话：（010）65210012

目录

血诏事件

贾诩
刘晔
刘晔先来见张绣的谋士贾诩，向他说明了曹操的招安之意。
曹操吃了张绣两次苦头，折损了儿子曹昂、侄子曹安民和猛将典韦，即便是心胸再宽广的人，也会对张绣恨之入骨，但曹操却没有，贾诩深深地被曹操的胸怀气度折服。
贾诩敏锐地认识到，唯有曹操才是这乱世中最值得追随的明主！仅凭他这一份气度，就无人可及。各路诸侯都将成为他的手下败将。
气度
我是您的粉丝！
贾诩当即做出了向曹操投降的决定，立刻就去见张绣，述说曹操派刘晔前来招安之事。
张绣
这时袁绍也派使者来拉拢张绣。在曹操和袁绍这道二选一的选择题上，一般人都会选择袁绍而放弃曹操。理由在于：袁绍的实力明显强过曹操，而张绣和曹操又有旧怨在先。

但贾诩不等张绣发话，
就替他做出了选择。
你见了袁绍，就说你们亲
兄弟俩都不能相容，哪里
能够容得下天下的国士呢？
袁绍使者
赶快回去吧！
现在袁强曹弱，先生你毁书叱使，
如果惹怒了袁绍，该怎么办呢？
主公不如
去投曹操。
贾诩没有回答问题，却先说起了投奔
曹操的三大好处。第一，曹操迎侍天
子，手上有天子明诏，可以名正言顺
号令天下，征讨四方。
圣旨
杀呀！
我们不是已经和
曹操结了大仇了
吗？他怎么肯收
留我们呢？

第二，袁绍兵强马壮，我们这点人马去投奔他，得不到重视。而曹公处于弱势，得到我们必然喜出望外，十分看重。
二斤一两！
十斤九两！
第三，曹操为了显示其称霸天下的胸怀气度，一定能够尽释前嫌，既往不咎。
请将军不要再犹豫了。
先生说得有理，但曹公能容我吗?
哈哈，曹公的使者早已到了。
曹公如果还对旧日恩怨耿耿于怀，又怎么会派我前来呢?
张绣再无怀疑，就与贾诩一道，跟着刘晔去许都面见曹操，曹操亲自来迎。

我以前的过失，你可不要记在心上啊。
纵观曹操这一生，几乎从来没有公开道过歉。他误杀吕伯奢全家，却用“宁可我负天下人，不可使天下人负我”这句话来为自己辩护。他勾搭张绣之婶的错误并不算大，但他却当着张绣的面直接道歉。这是为什么呢？
这不公平！
吕伯奢
实际上，曹操认为张绣是不会向自己投降的。张绣曾投降过自己，自己却与其婶娘勾搭成奸，令张绣脸上无光，这才再度背反，并令曹操损失了子侄与大将。因此，曹操认为张绣不能也不敢向自己投降。
杀亲之仇
辱婶之恨
但张绣却诚心来降。这等于给了曹操一个巨大的恩惠。在“互惠原理”的作用下，曹操也就更加愧疚于当年的放浪之举，情不自禁地说出了致歉之语。
愧煞我也！
曹操封张绣为扬武将军，贾诩为执金吾使，双方皆大欢喜。但曹操派出去招安刘表的使者却无功而返。
使者

丞相，我和刘表有几分交情，待我写一封信，您派一个能言善辩之人前去，一定能劝说刘表归顺。
孔融和祢衡两人相交甚厚。祢衡称孔融为“仲尼再世”，孔融则称祢衡为“颜回重生”。孔融早就想为祢衡谋个一官半职，但祢衡这个人恃才傲物，目中无人，孔融担心自己把祢衡推荐给曹操后会引来麻烦，也就一直不敢轻举妄动。
祢衡
我家里住了一个名士，姓祢名衡，极有才学，不过，这个人傲气十足，经常出语伤人。我早想把他推荐给您，只是担心这人冒犯丞相尊严。他曾经和刘表有交情。如果派他前去，一定马到成功。
孔融
稀释效应
曹操正是用人之际，孔融抓住了这个时机。而他的这次推荐，也使用了被称之为“**稀释效应**”的心理策略。
所谓**稀释效应**，就是指在针对某一问题的相关信息中有意加入一些无关的信息，以此来稀释、掩饰负面相关的信息，以减少可能带来的负面影响。
办证
免费问路
开锁
毒酒
房屋出租

亨利·朱奇尔曾经做过一个实验。
他的题是这样的：蒂姆平均每周
课外学习的时间大约是 31 小时。

汤姆平均每周课外学习的时间大约是 31 小时。汤姆有一个兄弟和两个姐妹。他大约每三个月会去看一次他的祖父母。他曾经约会过一个女朋友。他大约每周打一次台球。

那么，谁的学习
成绩会更高呢?

大家给出的答案是蒂姆的成绩会更高。但事实上，蒂姆和汤姆花在学习上的时间是一样的。大家之所以会做出这样的选择，是因为那些和汤姆学习无关的信息稀释了他在学习上的努力。

稀释效应的应用极广。比如一位在竞选中给选民留下不良印象的政客，就会通过在竞选广告中加入一些诸如童年小故事、家庭装饰等方面的无关信息，来冲淡那些负面信息的影响。

又比如，我们在为一件说不出口的事情向他人诉求时，也往往绕很大的弯，先扯上很多无关的信息。

心理感悟：气度决定一个人的成就。

荀彧可使吊丧问疾，荀攸可使看坟守墓，程昱可使关门闭户，郭嘉可使白词念赋，张辽可使击鼓鸣金，许褚可使牧牛放马，乐进可使取状读招，李典可使传书送檄，吕虔可使磨刀铸剑，满宠可使饮酒食糟，于禁可使负版筑墙，徐晃可使屠猪杀狗；夏侯惇称为完体将军，曹子孝呼为要钱太守。其余皆是衣架饭囊、酒桶肉袋耳！
汝有何能？！
天文地理，无一不通；三教九流，无所不晓；上可以致君为尧、舜，下可以配德于孔、颜。胸中隐治国安民之方，岂与俗子共论乎！
祢衡为什么会说出这一番惊世骇俗之语？其实，祢衡是一个典型的人格障碍者。所谓人格障碍，是指一种持久的、不可变的、不会因环境而改变的感知、思维或行为模式。
你怎么不多穿点？
可现在是夏季呀！
祢衡的人格障碍叫做表演型人格障碍。这类患者总是希望自己是注意力的中心。如果不能成为注意力中心，就会做出一些惊世骇俗的言行举止来强行吸引他人的注意。
我是焦点！
快看！裸奔！

患者在对外部事物进行判断时，往往感情用事，语出惊人，却缺乏足够的证据来支撑他们的判断。而且，他们往往会对极为细微的小事做出过分的情绪反应。
这面包看上去比别的小，你成心的吧？这叫贪污……
祢衡不过一介布衣，曹操没有给他赐座是可以理解的。但祢衡觉得自己没有受到关注和尊重，他的激烈情绪就此发作。
都是因我惹的祸！
说到底，祢衡就是一个精神类疾病患者。而他的这些放浪言行，并不是因为疾病的原因，而是源于他狂妄的本质。这自然也加重了众人对他的反感。
cang!
我宰了你！
文远住手！
曹操觉得，对于这样的狂妄之徒，最有效的办法就是折辱他。你越是想自高身价，得到重用，我偏偏反其道而行之。
我这里早晚朝贺宴享，正好缺少一个击鼓的小吏，我看就让祢衡来担当这一职位吧。

祢衡到底是否具备他自己所称的才能，已经无法考证。但我们可以将他与三国中另一个极善自我包装、自我推广的天才做一个简单对比。
谁？谁敢跟我比？
这个人就是诸葛亮。如果诸葛亮也采用祢衡这样自吹自擂、极尽自夸之能事的方式，还能不能诱引刘备屈身奉迎，三顾茅庐呢？
是我！
你们是
我是
答案应该是否定的。一个通过极端贬低他人，极端自我夸耀的人，在几乎所有的社会形态下都不可能得到认可，甚至都得不到宽容。
所以，诸葛亮巧妙地通过了第三方推荐、不情愿卖家、光晕效应等策略成功地包装了自己，一出山就得到了刘备的重用。而祢衡即便真有通天才能，以他这样的方式，永远也得不到曹操的认可。
学着点吧。
再说孔融。孔融对人、对社会的认识还是很肤浅的。首先，孔融并不真正了解祢衡。如果他知道祢衡会在曹操面前做出这等狂行，是断然不敢推荐的。
祢衡

其次，他并不了解曹操。曹操心胸宽广，你给曹操造成再大的损失，他都有可能原谅你。但你一旦伤了他的自尊心，他的报复心就会很强烈。而祢衡狠狠地刺痛了曹操的自尊心。

看来祢衡自傲还是有一定资本的，他击鼓很有水平，击了一个《渔阳三挝》，音节殊妙，座上宾客，无不折服。
曹操左右之人，发现了祢衡身穿旧衣，实属大不敬之行。
为什么不更换新衣？赶快换！
祢衡早把新衣准备好了，听到了“指示”，祢衡就开始表演了。大庭广众之下，祢衡将旧衣服一件件脱将下来，一丝不挂地站立。
然后拿出新衣服，慢慢吞吞地一件件穿去，脸上毫无愧色。穿衣完毕，又击鼓三挝。
祢衡无声无息的举动，再一次地刺痛了曹操的自尊心！
庙堂之中，为何这般无礼？！

心理感悟：自吹自擂是最为拙劣的自我包装手段。

但我现在给你一条生路，你替我出使荆州，说服刘表来降，我就任用你为公卿。
曹操为什么不杀祢衡？在对同一事物的处理上，人们总是倾向于采取前后一致的态度。尤其当先前的态度被公之于众后，人们会更为坚定地维护他们先前的判断。
你这是误判！
那我也不改！
23
前一次曹操已经放过了祢衡。这一次，曹操还是要维持原判。因为前一次曹操是为了彰显自己的宽博胸怀而不杀祢衡。
维持原判！
审判员
被告席
如果这次曹操却因为同样的原因杀了祢衡，就会显得他先前的宽宥是一种沽名钓誉的假象。曹操放过祢衡，反倒是给“宽博”做了一次加法，让曹操的形象更加高大。
宽博+宽博=
曹操心想，我派你到刘表那里去，如果你能说服刘表来降，也是件大好事。如果你惹恼了刘表，刘表就会砍了你的脑袋。这样，人家一对比，就会觉得还是我曹操有容人之量。

祢衡是典型的自我监控能力不足的人。人生活在社会中，为了适应不同的情境，就必须做出相应的自我调适，随身携带不同的面具。
但自我监控能力不足者，不论在任何情境下，不论面对任何人，始终只以一种面貌和姿态示人，从不虑及他人的感受与反应。
刘表和祢衡结识已久，在刘表尚未发达之前，尚能容忍这个朋友的趾高气扬。而现在刘表已经是一方诸侯，很难再接受祢衡睥睨一切的姿态。
祢衡在荆州数次“演出”后，刘表就很不高兴了，心生杀意。
杀人并不难，但杀人前还是要考虑考虑的。第一，祢衡毕竟是曹操派来的官方代表。杀了祢衡，等于是和曹操撕破了脸面。

第二，刘表必须考虑一下，如果曹操真心想笼络自己，就不该派祢衡这样的使者。所以，派祢衡前来，肯定另有目的。
刘表找到了答案，祢衡数次折辱曹操，现在把这股“祸水”送到我这里，就是想借我的手杀他。
刘表当然不愿当曹操的“刀”了。他决定向曹操学习，把“祸水”送到手下大将，镇守江夏的大老粗黄祖那里。
再说袁绍，听说曹操派使者去招安刘表，急忙也派来使者。刘表更加无法决断，只好召集文武商议。
从事中郎将韩嵩进言说：“曹操、袁绍两雄并立，那么就要择其善者而从之。曹公善能用兵，他一定会先攻打袁绍，再进军江东，如归顺曹公，他必会重待将军，这才是万全之策。”
谁说刘表手下没有出色的人才？这个其名不扬的韩嵩的见识绝不比张绣手下的贾诩差。但可惜刘表却是一个优柔寡断的人。
奖
千里马
奖
百里驴

这个……既然如此，你先到许都去看看曹操的动静，再做商议。
唉，将军，当断不断，必受其害。我韩嵩是一个守节之人。您的命令，我赴汤蹈火，万死不辞。但是，如果您还是迟疑不定，最好不要派我去。
我正是派你去探听动静后再做决定的。为什么不能派你去呢？
如果我到了京师，曹公借天子之名赐我一官，那么我就成了天子之臣了，在君为君，我就不能为您考量打算了。请您一定三思。
韩嵩的政治敏锐度远胜常人。当时，诸侯割据各方，但名义上都是汉室之臣。曹操完全可以借天子的名义，将各诸侯手下的大将谋士封为天子之臣，而起到分化瓦解的作用。
文臣武将
韩嵩看到了这一点，刘表却听不懂其中的奥妙。
你先去看了再说，我自有高论。

韩嵩只好领命前去许都。果然不出他的所料，曹操拜他为侍中，领零陵太守，再又遣回荆州。
荆州
实际上，曹操做的是空头人情，这零陵郡本就在刘表治下，曹操自己是没有资格来任命的。但有了天子，一切就名正言顺了。
韩嵩本来就看好曹操的发展走向，这次曹操又给了他大实惠。见了刘表，又劝说他归附曹操。
曹操插手自己的内部任命，刘表很不高兴。再听到韩嵩对曹操颂扬有加，更是大怒。
你心怀二意，我要杀了你！
韩嵩出使许都之前，就有言在先。现在只不过是将他的预言变成了现实。韩嵩的这个伏笔埋得非常巧妙，如果没有这个伏笔，今天就小命难保了。
是将军您辜负了我，我没有辜负将军您！

韩嵩去许都之前，确实说过曹操惯用的伎俩。将军还是饶他一命吧。
如果杀了韩嵩，那就中了曹操的奸计了。自己没杀祢衡，现在也不该杀韩嵩。
韩嵩逃过一劫，但祢衡却没能逃过。有人来报，祢衡已经被黄祖杀死。刘表心里暗笑，询问缘故。
原来，祢衡到了江夏之后，黄祖热情地设宴款待祢衡，两个人都喝醉了。
您在许都，那里有哪些人物?
大儿孔文举，小儿杨德祖，除了这两人以外，再无人物。
描述一个人目空一切往往会用“目无余子”这个词。但祢衡虽狂，似乎不适用这个词。他目中还是有两个“子”的，不过这个“子”是儿子之意。

祢衡对孔融还是颇为看重的，称他为“仲尼再世”，为什么到了黄祖这里，却将孔融比作“大儿”呢？
实际上，这是祢衡的夸耀心理在作怪。人往往喜欢抬出权威人物，并强调宣示自己与他们之间的密切关联来达到抬高自己的目的。
而如果能够以高人一头的姿态贬低一下公认的权威人物，那么，权威人物更是成了托举的垫脚石。
如果名闻四海的孔融都只能算是祢衡的“大儿”，那么祢衡的卓越不群还用得着再多说吗？黄祖只是个粗人，听他说得有趣，哈哈大笑。
曹操手下的一众精英都被祢衡视为酒囊饭袋，黄祖问出这样的问题，纯粹是自取其辱！
您看我是个什么样的人物？

你不过像是一个庙中之神，虽然接受百姓的祭祀，却从来没有灵验过！哈哈。
这已经是给了黄祖天大的面子了。庙中之神，远远胜过酒囊饭袋。祢衡多少还是顾及了黄祖对自己的盛情款待。虽然他一贯倨傲，但互惠原理对他也不是完全没有作用。
你竟敢把我比作土木偶人？！
能得到祢衡如此评价，黄祖本该欢欣不已才对。但这个大老粗却是出名的不解风情。
对于祢衡这样的患者，我们要报以同情。囿于当时的心理医学水平，人们归罪于他自己的狂放不羁。但我们可以引以为戒的是，如果一个没有罹患表演型人格障碍的正常人，也要倨傲如此的话，必然会自取其辱。
你是疯子，你是疯子！
你是疯子！
就这样，一把快刀就要了祢衡的命。祢衡临死前，骂不绝口。
心理感悟：愚者用贬低他人来抬高自己，智者用抬高他人来抬高自己。

腐儒舌剑，
反自诛矣！
曹操听说祢衡被杀之后，大笑三声。
但曹操也很失落。黄祖杀了祢衡，等于是刘表杀了祢衡。这表明，刘表并没有把曹操放在眼里。也就是说，在曹操与袁绍之间，刘表其实更认可袁绍。
这又刺痛了曹操的自尊心。曹操当即要兴兵讨伐刘表。理由是现成的！
荀彧阻止了曹操的冲动，理由当然是袁绍和刘备。曹操暂时放下了讨伐刘表的念头，但这笔账他深深地记在了心底。
仇人名单
再说国舅董承，自刘备、马腾去后，心情郁郁寡欢，卧病在床。汉献帝派随朝太医吉平前去探病。

ZZZ
经吉平调治后，董承渐渐康复。这一日已是元宵节。董承留吉平饮酒。过不多久，董承颇感倦怠，竟然和衣睡去。
日有所思，夜有所梦。董承竟然梦见刘表、袁绍、马腾、韩遂率数十万大军向许都进攻。董承大喜，披挂上阵，来到丞相府，对曹操大喝一声："操贼休走！"
这一喝之后，董承醒将过来，才知是一场梦。正在品味之际，忽听旁边有人发问。
你是想要害曹公吗?
董承吓出一身冷汗。定睛一看，原来是吉平。董承不敢接话。
国舅休慌。我虽然出自曹公之门，心中始终没有忘记汉室。如果你有用到我的地方，我万死不辞！
吉平这番话言辞恳切，但董承不敢抱有一丝的侥幸心理。曹操权势滔天，吉平又是曹操门下之人，只要今日的梦话透露出去，董承满门老小就绝无生机了。

我真怕你是故意来试探我的。我不敢尽情相告。
吉平毫不犹豫咬下一个手指，对天发誓自己对汉室的忠诚之心。每个人在潜意识中都是自私的。自私必然导致自我保护，而不是自我伤害。当一个人愿意采用自我伤害的方式，就可以反过来证明他的无私，或者至少他绝不仅仅是自私的。
董承果然相信不已，取出汉献帝的衣带诏给吉平看，并详细述说了前因后果。
唉，我本来想指望刘备、马腾。但刘备早就自顾自远走高飞了。马腾也回了西凉。我想想这些人都靠不住，不知道该如何来面对天子的重托啊。
原来如此。国舅无须担心。铲除曹贼的事就包在我身上了。
太能吹了！你不过是一个手无缚鸡之力的太医。

曹贼常患头风，一旦发病，必要我医治。我只要在药里给他下毒，很轻松就可以结果他的性命。
如果真能如此，您就是挽救汉室社稷的大功臣啊。
第二，梅毒。但梅毒是明朝后期才传入中国的。三国时期没有。所以可以排除这个原因。第三，血液病所致。这个原因很难考证。
据现代人考证，曹操的头风应该是慢性硬脑膜下血肿。这种病主要有三种成因。第一，封闭式的脑外伤，不论有无骨折，都可能造成慢性硬脑膜下血肿。
一般而言，封闭式的脑外伤是造成慢性硬脑膜下血肿最主要的原因。曹操年轻时是个问题少年，根本就闲不住，脑部遭受创伤的可能性极大。我们大致可以推断，正是这个原因导致了曹操后来罹患“头风”。

有意思的是，曹操还因为自己的年少浪行和自己的叔父闹过矛盾。他的叔父看不惯他的不良行为经常给曹操的父亲曹嵩打小报告。曹操往往因此而被父亲责打。
为了一劳永逸地解决这个问题，曹操想出了一个办法。一天，曹操看到叔父来了，就立即倒地不起，口吐白沫，昏迷不醒。叔父大惊，连忙将其救起，询问原因。
我经常会无缘无故地倒地，人家说这是中风症。
叔父把曹操中风的事告诉了曹操的父亲曹嵩。曹嵩十分担心，这时曹操回来了，根本看不出什么异样。
你的中风好了吗?
什么中风?我从来也没有中风过啊!

刚才你叔父急冲冲地赶来，说你刚才突然倒地，口吐白沫中风了。
唉，原来是叔父说的啊。我从来没有中风的毛病，可能是因为他向来不太喜欢我，故意这样说的吧。
曹操的这个办法让叔父失去了曹嵩的信任。再来打曹操的小报告，曹嵩就不再相信了。
不可能！
曹操利用的这个心理策略就是典型的“态度免疫”。
我们为了预防某一种疾病，往往事先注射疫苗。注射之后，就会产生抗体，以后再接触到同类的病毒，体内的抗体就可以阻止病毒的入侵。

心理感悟：善种信息疫苗，必丰收人际交往之果。

董承送完吉平，步入后堂，忽见家奴秦庆童与自己的侍妾云英在暗处窃窃私语。董承大怒，知道必有奸情，立即喝令将秦庆童拿下，准备杀掉。
秦庆童与云英勾搭成奸，并胆敢公开调情，而董承又为什么没能早早发觉呢？
原来董承因天子血诏一事而忧心忡忡，实际上是得了抑郁症。抑郁症的典型症状是终日悲哀长叹，对日常生活中的事情失去兴趣。其中也包括床笫之欢。
独守孤灯！
是呀，为什么呢？
小妾耐不住寂寞，就与年轻力壮的家奴秦庆童勾搭成奸。也因董承精神恍惚，对很多事情视若不见。秦庆童和云英见董承毫无反应，胆子也就越来越大了。
当听了吉平的刺曹方案后，董承心情大快，久已蒙蔽的心灵之眼也豁然 开朗，从而一眼就洞察了他们之间的苟且之事。
火眼金睛

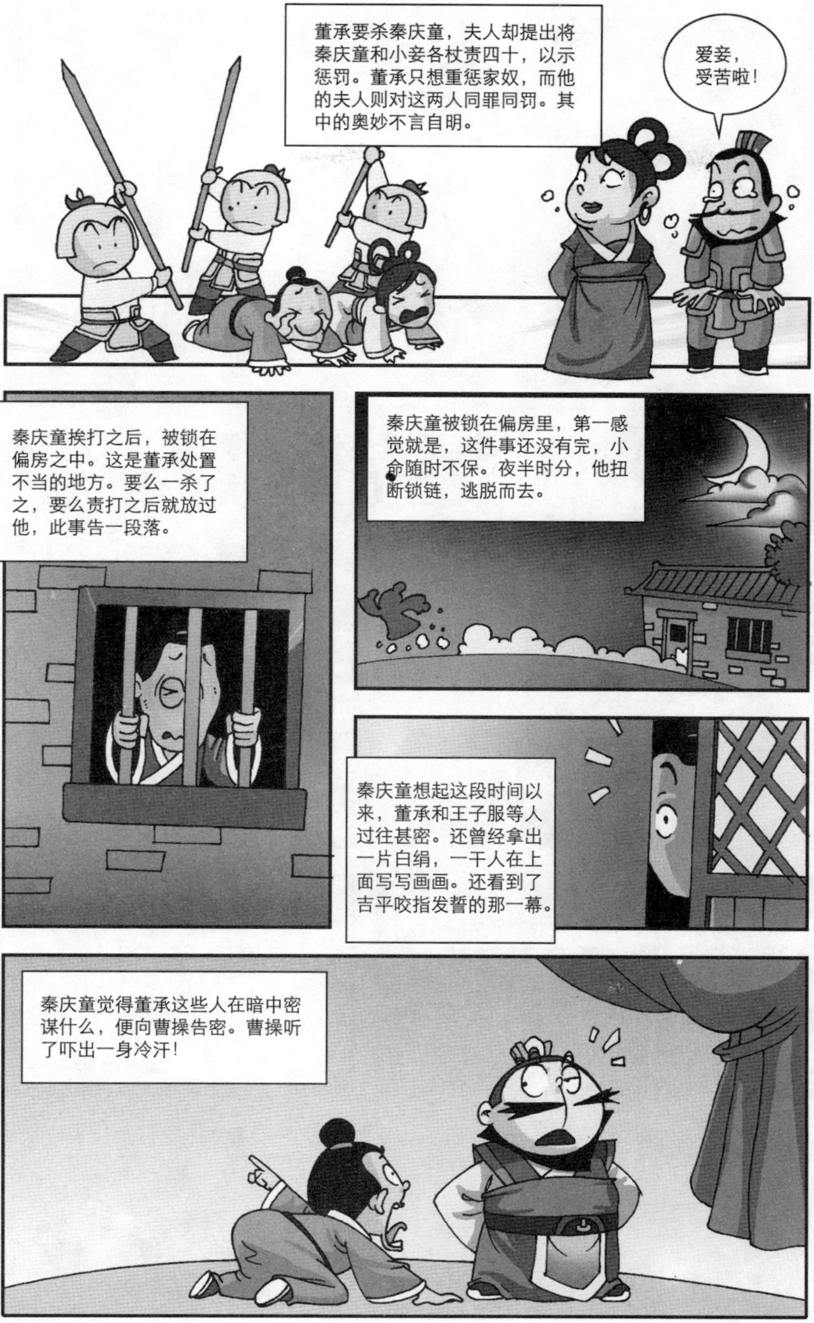
董承要杀秦庆童，夫人却提出将秦庆童和小妾各杖责四十，以示惩罚。董承只想重惩家奴，而他的夫人则对这两人同罪同罚。其中的奥妙不言自明。
爱妾，受苦啦！
秦庆童挨打之后，被锁在偏房之中。这是董承处置不当的地方。要么一杀了之，要么责打之后就放过他，此事告一段落。
秦庆童被锁在偏房里，第一感觉就是，这件事还没有完，小命随时不保。夜半时分，他扭断锁链，逃脱而去。
秦庆童想起这段时间以来，董承和王子服等人过往甚密。还曾经拿出一片白绢，一干人在上面写写画画。还看到了吉平咬指发誓的那一幕。
秦庆童觉得董承这些人在暗中密谋什么，便向曹操告密。曹操听了吓出一身冷汗！

他顿时想起了上次在宫门前搜查董承未果之事。但现在看来，这件事情中必有蹊跷。曹操一向信任吉平，如果吉平要在药中下毒，真是绝难幸免的。
曹操决定，就从吉平这里打开缺口，将参与密谋者一网打尽。第二天，他诈称“头风”发作，召吉平前来诊治。
吉平大喜，暗藏毒药入府。曹操卧于床榻之上，摆出平日头风发作时的样态。吉平由于心中早有主张，也未细察。
丞相，只需服一剂药就能痊愈。
吉平在煎药时将毒药放入。曹操假装不知。
丞相，趁热服药吧。
你既然读过书，一定知道礼仪吧?

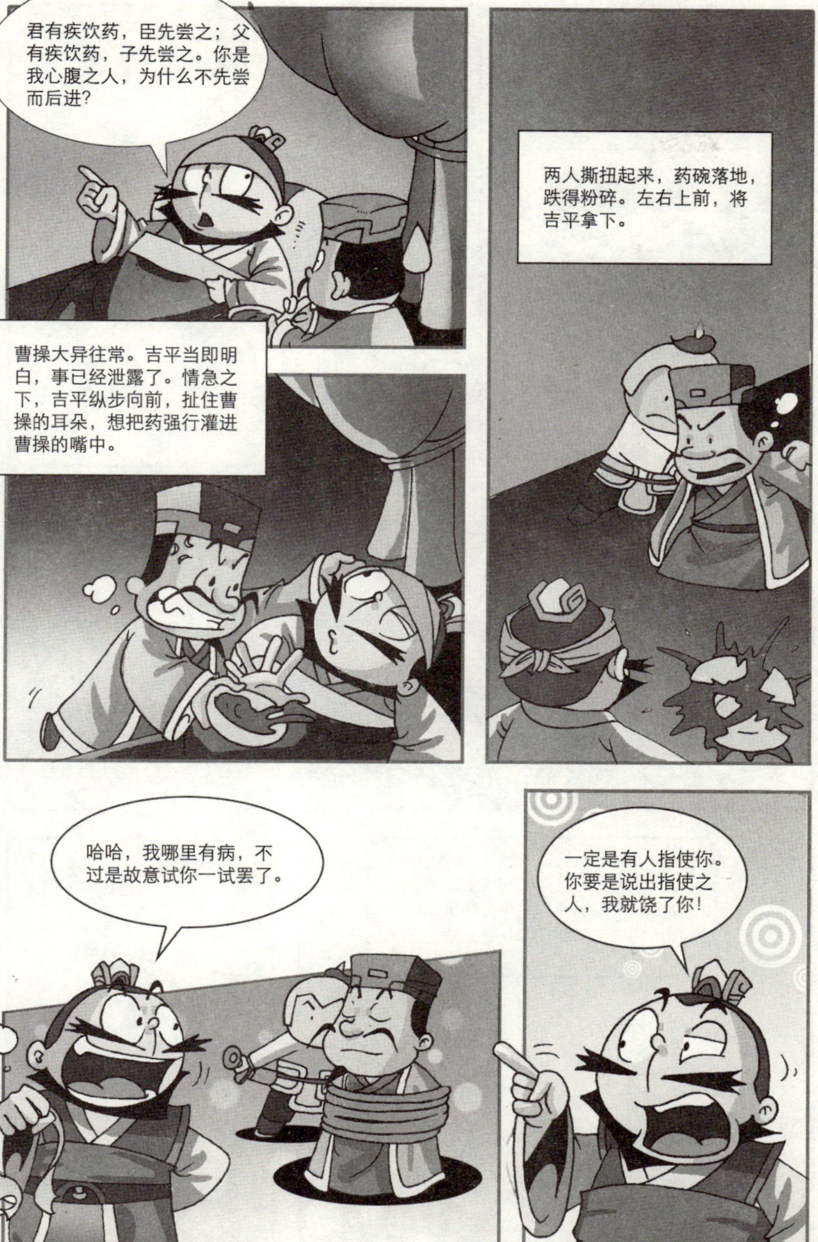
君有疾饮药，臣先尝之；父有疾饮药，子先尝之。你是我心腹之人，为什么不先尝而后进？
曹操大异往常。吉平当即明白，事已经泄露了。情急之下，吉平纵步向前，扯住曹操的耳朵，想把药强行灌进曹操的嘴中。
两人撕扭起来，药碗落地，跌得粉碎。左右上前，将吉平拿下。
哈哈，我哪里有病，不过是故意试你一试罢了。
一定是有人指使你。你要是说出指使之人，我就饶了你！

吉平却是一条硬汉，被打得皮开肉绽，也宁死不招。曹操唯恐打死，没有对证，才暂时放过了他。同时严令，不得走漏一点风声。
第二天，曹操请诸大臣赴宴。董承托病不来，王子服等人均到场。这一招是曹操向董卓学来的。
当年，董卓宴请文武百官。命令押上降卒数百人，在席间，或断足、或凿眼、或割舌、或用大锅煮。又砍下结连袁术的张温的脑袋，用红盘拖着，送至每个人前，一一劝酒。百官均被吓得魂不附体。
酒行数巡，曹操对百官说要拿一样东西来助助酒兴。吉平身负重枷被押了上来，已经体无完肤，百官无不骇然。
此人结连恶党，想要背反朝廷，谋害曹某。今日幸得天败，请大家听他口供！

曹操为什么要说“天败”二字?
天败
自从太史令王立发表“天象论”之后，曹操已根深蒂固地相信“天命在己”。此后他多次历险，均平安逃脱。南征北战，也颇为顺手。这些经历都一再强化了他内心的心理暗示。
小曹，我罩着你。
天公
用刑!
操贼，此时不杀我，更待何时?
曹操认为，吉平投毒，秦庆童前来告密。这是上天对他的眷顾。不然，董承与吉平等人的密谋很可能就已经得逞了。
这一定不是你一个人的行为。赶快把背后的主犯供认出来，我可以免你一死。

你堪比王莽、董卓，何止我一人想杀你？天下人都恨不得生吃你的肉！
这是第一次有人公开将曹操比作王莽、董卓。曹操，这个当年以刺董发家的英雄，确实已经在不知不觉间变成了另一个董卓。
原先有七个人，现在和你一共有八个人了，对不对？
先前吉平独自硬扛，王子服等人多少放了点心，现在曹操准确地指出了参与血诏密谋的人数，王子服等人均如坠冰窖。
曹操命人继续拷打，但吉平始终不招。
你骨头够硬！我再试试其他骨头。

将吉平押下，众官且散，王子服、吴子兰、种辑、吴硕四人留下，继续夜宴。
王子服等人吓得魂不附体，知道已经无可幸免。
曹操用平静的表情发问。
我想问一下，你们几位经常到董承府上，商议什么事情啊？
没什么具体的事情啊。不过是人情礼乐而已。
那么，白绢上又写了些什么啊？

心理感悟：幸运惯了的人，就不会再有幸运感了。

第二天，曹操到董承府上探病。这可能是史上最蔚为壮观的一次探病。因为曹操带了一千多人的队伍前往。
探病
董承只得出门迎接。
昨晚怎么不来赴宴?
贱躯患病，不敢出门啊。
哼哼，你患的是忧国忧民病吧?
国舅知道吉平吗?
不知道。

你怎么会不知道？来人，牵过来给国舅起病！
你这欺君逆贼，不得好死！
这个人招认了王子服等四人谋反一事，我已经将他们拿下了。现在还有一人未曾捕获。
是谁指使你给我的药里下毒？
我招给你听！
好，只要你招出来，我就放了你！
是老天指使我来杀你这逆贼！

曹操大怒，喝令行刑。可怜吉平身上已经体无完肤，再无容刑之处。董承看了，心如刀割。
你的十根手指，为什么只剩九根了？
我嚼指为誓，就是要杀你这个欺君逆贼！
好，我全部都给你剁了，让你发誓！
手指虽无，还有口可以吞贼，舌可以斩贼！

曹操更加恼羞成怒，当即喝令割去吉平之舌。
不要割掉我的舌头，我如实招了。
哈哈，早知如此，何必受这么多苦？你既然要招，我就留你一条小命。
能不能给我松了绑？我把同谋全部招认出来。
那又何妨？给他松绑。
吉平松了绑后，欠身往朝阙方向拜了一拜，拜毕，撞阶而死！
臣不能为国家除此奸贼，乃天数也！
敢戏弄我！将吉平分尸示众！

吉平为什么能够承受如此残酷的暴刑却绝不屈服呢？他的坚强不屈实质上是社会性疼痛消失的一种体现，与关羽的刮骨疗毒有异曲同工之妙。
一个人出于对社会评价的顾忌，往往会表现出对痛苦的更大忍耐力。而精神意志力的坚强程度也直接关系到一个人对于肉体痛苦的忍耐程度。从这个角度来说，精神是可以战胜肉体的束缚的。
精神
肉体
在我国的革命史上，也涌现出许许多多个像吉平这样的，面对酷刑绝不屈服的英雄。比如江姐，比如赵一曼。这样的人，这样的行为，才是人类历史上最可歌可泣的悲壮一幕。
江姐
赵一曼
关羽因刮骨疗毒被惊为天人，并被万人景仰。吉平所遭受的痛苦，其实远胜关羽，所表现出来的品格气度，更是无愧于三国第一英雄的称号。
但由于吉平身份卑微，他的名字几乎已经被历史的烟尘湮没，历史虽然是大人物的玩具，但我们也应该向吉平这样的小人物致以最崇高的敬意。

曹操吩咐将秦庆童牵了过来。这个秦庆童自以为告密有功，但曹操始终没有以功臣对之。待遇和一个囚犯几乎一样。
秦庆童
国舅认得此人否？
这是我的逃奴，原来在此。看我不杀了你！
不可动手！他是来对证的。他全已招供明白，国舅你还不承认吗？
董承抵死不认。曹操吩咐去董承卧室内搜寻。不多时，就将衣带诏和董承等人签名的白绢搜了出来。
鼠辈安敢如此？来人，把他们全家老小全部拿下！

曹操带一千多人前来探病的目的就在于此，董承满门都被拿下收监。
曹操回到府上，聚集众谋士商议如何处理。曹操先给荀彧看了血诏，荀彧沉默良久，然后问曹操想如何处理。
荀彧足智多谋，曹操遇到多大难题，他都能很快能拿出对策。但今天却先问曹操自己有什么想法。这是为什么呢？
荀彧是第一个去投奔他的谋士。他追随曹操，是为了帮助他兴复汉室，铲除逆贼。但随着曹操一步步走向成功，曹操却日渐“董卓化”了。
这就是荀彧沉默的缘故。如果曹操真的成了另一个董卓，荀彧不就成了助纣为虐了吗？他绝不愿意自己亲手扶植出另一个董卓来。
第二个
董卓

既然是天子亲自参与密谋的，我看就把他杀了，另择有德者立为天子。
荀彧的一颗心顿时沉了下去，但他仍保持着冷静。
主公，您今天能够号令天下，都是因为这个天子的存在。只有保住天子，您才能征讨有名，赏罚有制。
曹操一想，袁绍还没有收拾掉，如果废立天子，正好授人以口实，损伤自己的实力，也就不再坚持要杀汉献帝。
他终究不会成为董卓的。我辅助的人，是不会这样做的。
行为可以改变态度。当你做出了一个选择后，你是不希望这个选择是错误的，你会越来越觉得自己的选择是正确的。甚至会在意识中篡改事实，来维护自己的一贯正确。

荀彧的想法其实是一种自我欺骗。这种行为存在于所有人的潜意识中。如果没有这种自我欺骗，人们又怎能顺畅度过实际上并不顺畅的漫长一生呢？
我是帅哥！

曹操决定不杀汉献帝给了荀彧莫大的安慰，让他继续沉浸在自我欺骗所带来的内心协调感之中。

但是，我要杀了董承这几个人，以儆效尤。

丞相，您想怎样处置？

如果不诬陷他们造反，是不能诛灭九族的。

荀彧一惊，但他已经没有足够的心理力量来阻止了。这相当于曹操使出了一个“闭门羹”策略。曹操先提出要杀汉献帝，被荀彧拒绝了。而这种拒绝给荀彧带来了愧疚感。所以，当曹操再提出要诛灭董承家族后，荀彧就很难再拒绝了。
因此，荀彧没有再行劝谏，语气中透露出一丝无奈。
唉，事已至此，要放过他们也难啊。
曹操想起宫中还有一个董家“余孽”。这个人就是董承的亲生女儿，汉献帝的爱妃——董贵妃。
曹操身带佩剑，直入宫中。汉献帝见曹操气势汹汹，吓得胆战心惊。
丞相所为何来？

董承谋反，陛下可知?
朕确实不知。
难道陛下忘了咬破指头写血诏的事情了吗?
一人造反，株连九族。来人，将董贵妃拉下去砍了。
董贵妃已经怀孕，还望丞相高抬贵手，放她一条生路吧。
心理感悟：上了贼船，自然只能以贼船的航向为正确方向了。

汉献帝以董贵妃已有身孕为由向曹操求情。殊不知，这反而更加坚定了曹操杀董贵妃之心。
必须要杀！
汉献帝只好哀求曹操给董贵妃一个全尸。于是曹操就改斩首为用白练缢死。
斩草除根！
道理很简单，曹操此时满心都是“天命在我”，早就想取汉而代之。他怎么会容忍汉献帝生下后代？而且，董贵妃的儿子一旦长大成人，难道就不想为父母报仇？
汉献帝泪雨如下，一个御宇天下的皇帝，却连怀着自己骨肉的女人都保护不了，这是何等的悲哀啊！
你真是我的接班人呀！
小弟还需努力！
曹操的所作所为已经和董卓没有什么两样了。那么，曹操是怎么样变成董卓的呢？
人其实是一种情境性的动物。情境对人的影响至深。一个人之所以会成为好人或坏人，都与情境直接相关。心理学家菲利普·津巴多将人这种受制于情境的效应称为“路西法效应”。
路西法效应
变！
路西法效应就是用来解释“好人是如何变成恶魔的”。路西法是上帝最宠爱的天使，但当他投身地狱后，却变成了恶魔撒旦。这说明了情境正是让好人变成恶魔的最根本原因。

津巴多是在 1971 年进行的名闻世界的“斯坦福监狱实验”的基础上归纳总结出“路西法效应”的。

当时津巴多正在斯坦福大学任教，他将大学的一个地下室改成了用于实验的监狱，并以 15 美元一天的薪酬招募了 24 名学生参与实验。他们经测试都是心理健康的学生。

学生们被随机分成了两组角色：9 名学生担任监狱中的“囚犯”，另 9 名学生则以三人一组轮班担任“看守”的角色。还有 6 名后备。津巴多本人则担任监狱长的角色。

为了模拟真实，担任“囚犯”的学生身份以数字代替，每个人都穿上囚服，戴上脚镣和手铐，担任“看守”角色的学生则身穿警服，戴上墨镜以增加权威感。

“看守”们拥有一切真实狱警的权力。参与者也都有随时退出实验的权力。起初，他们都将其视为一场好玩的游戏。但很快，他们都深度进入了他们所扮演的角色。

“看守”们经常做出把囚犯关禁闭、没收被褥、剥夺睡眠、取消进餐、进行俯卧撑、强迫囚犯用手清洗马桶等等的各种屈辱性的活动。

实验不到两天，一个编号为 8612 的的好人已经被一群好人折磨得濒临崩溃。在他率领囚犯反抗时，遭到了看守们严厉的惩罚。8612 察觉这已经成了一个由心理学家设置的真正监狱。

8612 提出退出，但津巴多已经进入了监狱长的角色，他考虑的已经不是 8612 的精神状态，而是如果 8612 退出，会引起更多人退出，实验就无法进行下去了。

于是津巴多像电影中的监狱长那样，向 8612 承诺让看守不再折磨他，给他好的待遇，但条件是让 8612 回到监狱做他的眼线，如果同意，他就会早一点得到释放。

8612 答应了，重新回到实验当中。其他的囚犯们开始意识到，实验负责人员不会让他们退出实验。希望就此幻灭。

在这个临时监狱里，魔鬼被制造了出来。“看守”们洋洋自得于支配一切的权力，“囚犯”们则在心里播种下仇恨的种子。实验结束后，当双方坐在一起讨论时，相互间仍然存在严重的敌对情绪。

实验的第六天，津巴多的女友、心理学博士克莉丝汀来访。克莉丝汀与与其中一位名叫瓦尼施的看守进行了交谈，她感觉这是一位礼貌、友好的好人。

但当克莉丝汀开始观察实验时，她发现了一个与好人截然不同的瓦尼施：他戴着黑色的墨镜，手持警棍，身穿制服，痛骂犯人，态度十分粗暴。

到了洗浴时间，看守把犯人用脚镣锁成一列，每个人都戴上头套，完全看不到环境的情况。再把他们带到洗浴房。

津巴多本是一个善良的好男人，但此刻残暴、冷漠却充溢于他的全身。津巴多本以为女友会高度赞扬他的实验，但得到的却是女友的愤怒与质问。她无法想象，在未来的生活中怎样与这个恶魔般的男人亲密相处。

这场争吵惊醒了津巴多，他终于从监狱长的角色中脱身而出，并于第二天一早终止了实验。

津巴多本是一个好人，但当他担任了“监狱长”一职后，却身不由己地变成了一个“恶魔”。参与实验的学生，本来没有太大的差异，却在担任不同的角色后，不由自主地投入了角色之中。而那些担任看守的学生也成了不折不扣的恶魔。

这个实验告诉我们，在情境的催化下，人类因文明进步而生成的人性就会被原始的兽性取代。一幕幕残忍的兽性热剧也就屡屡上演。

模拟的情境尚且如此，
更何况是真实的情境呢?

心理感悟：文明再神通广大，也还是会给兽性留下表演的空间。

曹操诛杀了董承等五家一千余人，丝毫不觉得有何残暴之处。他此刻最为关心的是那张“黑名单”上的两个漏网之鱼——刘备和马腾。
你个超级大骗子!
曹操恨不得立即将这两人赶尽杀绝。尤其是刘备，当刘备“血诏党”的真面目暴露后，曹操痛心疾首，恨自己被他骗得好苦。
明公您的头号大敌是袁绍。一旦您出兵讨伐刘备，袁绍必然会乘虚而入，攻打许都，那么，又该如何应对呢?
荀彧已经通过自我欺骗，平复了内心的认知不协调，又站出来献策。
马腾远在西凉，先派人前去慰劳，稳住他，等以后再想办法把他诱到京师处置。
荀彧的结论正确无比，但前提是袁绍果然能如荀彧所料，判断出这是一个极佳的战机，而曹操认为袁绍优柔寡断，不可能快速出兵的。
出兵
不出兵

荀彧认为，袁绍虽然没有这样的决断力，
但他手下一大批谋士会说服他采取行动的。
出兵!
谋士
袁绍手下的谋士互相猜忌，互相牵制，用不着多虑。还是快
对刘备下手吧。他手下的那五万人马可都是您的嫡系部队啊。
曹操再不犹豫，立即率
二十万大军，直逼徐州。
杀呀!
郭嘉的最后一句话说服了曹操。曹操
在军士中享有极高的威信。刘备以阻
击袁术为由，将曹操的人马据为己有。
但只要曹操登高一呼，这些军士就会
反戈一击，重归曹操门下。
刘备立即派孙乾去
向袁绍求援。孙乾
先去见田丰。田丰
大喜，因为这是一
个非常难得的战略
良机。

次日，田丰陪孙乾来见袁绍，二人看到袁绍后，大吃一惊。眼前的袁绍衣衫不整，形容憔悴。
主公今日何故如此?
我马上就要死了啊。
主公您纵横天下怎么这样说呢?
我命在旦夕，还说什么纵横天下啊。
现在曹操出兵东征刘备，许都空虚，主公正好乘虚攻占许都。然后上可以保天子，下可以保万民。这可是老天给您的好机会啊。
我一共五个儿子，只有最小的这个最称我意。现在他患了疥疮，生命垂危，我根本没心思考虑别的事情了。

当着孙乾的面，田丰的话说得很含蓄。但意思很清楚。“挟天子以令诸侯”给曹操带来了多大的好处啊！你不是早就看着眼馋了吗？现在，老天就给了你这么一个取而代之的好机会，你难道还不想抓住吗？
我也知道这样好啊。可我心中恍惚，实在提不起精神。
主公，您到底恍惚什么啊？
唉！我这个小儿子，身具异相，贵不可言。如果他有个三长两短，我实在没法承受啊。
袁绍疼爱自己的小儿子，为什么会疼到宁愿放弃攻占许都，将汉献帝掌控在手中的大好良机呢？
你回去告诉刘玄德，就说我实在没心情出兵。如果遇到了不如意的事情，就到我这里安身吧。

这还要从王立的“天象说”说起。当时的年代，天命之说是最具说服力的。而王立因其客观中立的身份，其说法更具权威性，流播也甚广。
天命在曹！
袁绍要想冲破“天命在曹”的束缚，就必须找到一种足可与之相抗衡的理由。袁绍找到的这个理由就是他生的这个一副大贵之相的小儿子。
帝王之相！
这足以让袁绍相信，天命也可能在自己这边。即便自己没能得了天下，也会应验在这个儿子身上。所以，袁绍才会把这个儿子视如命根。
但小儿子命在旦夕，彻底摧垮了袁绍的心理底线。一旦儿子死了，也就预示着袁绍根本没有希望赢得天下了。
哈，是我的啦！
全完了！
但田丰和孙乾都没法理解他的这份微妙心理。孙乾快快而去。田丰站在门外的台阶上十分憋气。
为了一个小小的婴儿，竟放过这么好的机会，还谈什么国家大事呢？

再说刘备，听说袁绍不肯出兵，立即号啕大哭。
这下可怎么办呀？
哥哥不要担心。我有一个妙计，一定能击败曹操。
令
什么妙计？
等曹兵前来，我趁夜就去劫寨。
这哪里是什么妙计啊。但刘备已经被前次张飞智擒刘岱的“近因效应”打动，认为张飞是智谋之将了，就放心地让张飞去安排。他也不想想，曹操岂是刘岱能比的？
曹
上天提醒我
曹操率军正往小沛而来，一面牙旗被狂风吹断。行军故例，旗帜被吹断是敌方要来劫营的预兆。曹操当即做好防范。这一小小的事件，再度让曹操体会到“天命在我”的美妙感觉。
曹
二
劫营
为什么古时打仗，都会将风吹断旗与敌兵劫营关联起来呢？

这实际是一种**错觉相关**。风吹断旗本是一个偶然事件，并非每一次风吹断旗都会有敌兵劫营。但只要有几次恰好吻合了，就会被“善于总结”的人们记录在案。
断旗3次，劫营一次……
从此故老相传，成为不容生疑的定例，因为人们总是喜欢在不同的事物中发掘联系，只有找到了联系，才会让他们感觉到安全。
酸儿辣女，一定是个胖小子！
尽管这种方法并非万无一失，但在实战中还是很有作用的。“风吹断旗”就等于是给将领们发出一个信号，让他们提高警惕，严加防范。
深夜，张飞率兵而来，却中了曹操的埋伏。张飞所部，原来就是曹操的兵，转眼间就倒戈，重归曹营。
曹
兄弟！
二哥，可找到你了！
张飞大败，突围出来，却被曹军挡住回小沛去路。张飞只好操起了老本行，跑到芒砀山落草去了。

心理感悟：翻开天意的硬币，背面写的其实是人心。

关羽义气深重，一定不肯投降。如果派人去说降，这个人必定保不住性命。
曹
我和关羽有点交情。让我去下邳说降吧。
我看只有把关羽逼上绝路，让他进退两难。这样，张辽再去劝降，成功的可能性就大了。
文远虽然与关羽有旧，但我和郭嘉的看法一样，关羽这个人很难用言辞说动。
程昱的计策是派夏侯惇到城下不断辱骂。关羽受激不过，出城迎战，却被死死围在土山之上。而下邳也被曹操攻占了。
逼上了绝路，时机成熟，张辽前去劝降。关羽因为桃园结义的承诺，决不肯投降。张辽却巧妙地提出，关羽如果不降，就只能一死了之，这就犯下了三大罪状。
誓死不降！
三大罪状

刘备存亡未知，你就先死了。这就违背了桃园结义时说好的“不求同年同月同日生，但求同年同月同日死”的承诺。这是第一大罪状。
你不够意思呀！
你一身好本领，还没有帮助刘备完成匡扶汉室的重任，就先死了。这是第三大罪状。
你们玩吧。
关羽一死，刘备的两位夫人无人照料，这就辜负了重托。这是第二大罪状。
谁来照顾我们呀！
张辽的这一番说服，利用桃园承诺的约束力和刘备的权威，成功地打消了关羽死战的决心。
但关羽也顺势提出了三个条件：第一，降汉不降曹；第二，二位嫂子必须用刘备的俸禄供养，不沾曹操一丝恩惠；第三，一旦得知刘备去向，立即要去投奔。
条件有三

这三个条件为关羽的投降披上了一件抵挡舆论炮弹的“防弹衣”，有效消除了关羽内心的认知不协调，却把麻烦踢给了曹操。
麻烦
好睡呀!
但凡正常人，都会将“关三条”视为挑衅而施以报复。你想想，投降怎么还有降曹降汉之分？刘备一介反贼，抓到了就要砍头，哪还有什么俸禄？你现在降了，刘备一出现，你就走了。你这根本不是投降，而是拿我曹操的营盘当免费旅店。
曹氏旅店
但曹操竟然全盘接受了关羽的三个条件。这是为什么呢?
关
曹
“天象说”的心理暗示让曹操认为，自己代汉而立是迟早的事。现在整个朝廷都掌控在自己手上，曹和汉又有什么区别呢?
而一旦代汉自立，普天之下什么都是自己的，刘备也得向我投降。你愿意去投，那就去投吧。最后都还是我曹操的人。
钱的问题更是小事情。以刘备俸禄的名义发放，也没有任何操作难度。关羽提的这个条件也让刘备成了史上唯一一个可以领朝廷俸禄的反贼。
反

就这样，曹操得到了关羽。对关羽也是发自内心地好，三日一小宴，五日一大宴，上马金，下马银，但曹操的慷慨给予，却收到了适得其反的效果。这就是过度合理化效应。
投降本是关羽的无奈之举，但他却因此而获利丰厚，这就让关羽的内心加倍地不协调。曹操对关羽越好，关羽越不自在。最后，关羽把曹操的赏赐之物全部封存。
这一日，曹操又请关羽赴宴。觥筹交错中，曹操见关羽不断地用手捋自己的胡子。曹操忍不住问关羽可曾数过自己的胡子有多少根?
数胡子是件很无聊的事。关羽跟着刘备这些年，东奔西走，哪顾得上数胡子。但自打降了曹操后，除了喝酒赴宴，终日无事，窝在家里当“宅男”之际，数数胡子颇能消磨时间。
1 根，2 根……28 根……
大约有二三百根吧。不过，这胡子太长了，我经常担心会断掉。
曹操一听，立即命左右取纱锦两段，做成一个须囊，赐给关羽保护胡子。

第二天，关羽戴着须囊去朝见汉献帝。胡子上罩了个纱锦须囊，分外显眼。汉献帝就问他缘故。
我的胡子很长，丞相赐给我一个须囊，所以套在了外面。
汉献帝在曹操的严密监控下，每日也是闲极无聊，现在也来了兴致，命关羽当场打开须囊一看。关羽卸下须囊，用手将胡子缓缓一捋，真是一派威严雄壮形象。
真美髯公也！
从此，“美髯公”这个绰号也成了关羽的美称。
关羽后来威震华夏，主要与他的赫赫战功有关。但他凛然不可侵犯的威严气度，在很大程度上也与他的长胡子有关。
军功章
军功章
军功章
军功章

1973 年，心理学家罗伯特·佩莱格里尼研究了胡子之于性格感知的影响。他找到了 8 个乐意为了科学实验而将满脸的胡子刮干净的年轻人。

佩莱格里尼在理发师给他们刮胡子之前给每个人拍了一张照片。

在他们脸上只剩下山羊胡子和八字须时又分别拍了照。

最后在胡子全部刮干净后，再拍一张照片。

然后，佩莱格里尼请随机选出的几组人来评估不同照片中的人的个性情况。结果发现，胡子越多，人们越有可能用阳刚、成熟、优越、自信和勇敢这些形容词来描述照片中人的个性。

关羽的这把长胡子的确为他的形象增色不少。后来，当他辞别曹操去找刘备时，荥阳太守王植设计要用火烧死关羽。但执行任务的胡班看见关羽捋须读书的威严形象，不由惊为神人，心悦诚服。由此将王植的密谋告诉关羽，令关羽逃脱大难。这把胡子功不可没。
神啊！
一日，曹操见关羽所骑之马十分消瘦，想起吕布的赤兔马在自己手中。此马神骏无比。正所谓“人中吕布，马中赤兔”。
我累次赐你美女、金帛，你从来没有下拜过。为什么今天给了一匹马，你高兴地连连下拜？
曹操把这匹马赏赐给了关羽。关羽大喜，跪倒拜谢。
我知道这匹马日行千里。他日兄长有了下落，骑着它去找兄长，不就一日可达了吗？
关羽的这句话差点没让曹操气背过去。这个家伙，枉我对他这么好，但他想念的还是那个大耳贼刘备！

心理感悟：我们往往因为走得太远，而忘记了当初出发时的目的。

袁绍在刘备的鼓动下，派大将颜良向曹操发起攻击。曹操手下的大将因妒嫉曹操厚待关羽，无心出力，逼得曹操不得不起用关羽。
令

关羽一出马，接连斩了颜良、文丑，逼退袁绍。关羽因功被曹操封为汉寿亭侯。

但关羽得知了刘备在袁绍处的消息。关羽自觉已经为曹操立过大功，已两不相欠，就来向曹操辞别。
曹府
免见

曹操早已知道关羽的动向，这让他陷入了极为尴尬的境地。曹操为了收服关羽，折节下交，不吝赏赐。其做法引发了整个阵营内的不满，但碍于曹操的威权，没有人敢率先站出来控诉。

但只要关羽一走，曹操的面子就荡然无存。而那些早已“眼红”的谋士武将们必然会趁机大喷口水。

曹操在关羽身上的付出已经多到让他没法回头。在关羽的去留问题上也表现出了一反常态的“拿不起、放不下”的心理状态。这可能是曹操一生中唯一的一次没能“拿得起、放得下”。

自我欺骗

法国哲学家让-保罗·萨特曾经精辟描述过“**自我欺骗**”：自我欺骗时，听谎话的人和说谎话的人是同一个人，这意味着，作为欺骗者，我必须知道真相，而作为被欺骗者，这个真相又是我所不知道的。为了更巧妙地隐瞒真相，我必须非常了解该真相的具体情况——并非在不同的时刻，这使得我们重建二元性的外表——却在一个事件的单一结构中。

1979 年，心理学家格尔和萨克姆用一个实验证明了“自我欺骗”的存在。

他们要求参加实验的被试听许多录下来的声音，并指出这个声音是自己的，还是别人的。

整个实验过程中，一直监测被试的皮肤电反应。

结果表明，当被试听到自己的声音后，皮肤电反应会增强，即使被试没有辨别出这是自己的声音时，也是如此。

这表明，人们在意识层面上没有辨认出自己的声音，但潜意识却清楚地知道，这正是自己的声音。

自我欺骗的涉及面很广，但凡外部环境中存在着自己不愿意接受的一切形式的资讯，都会导致程度不一的自我欺骗。
谁说我矮！
曹操不愿意接受关羽要走的事实，但他也确实黔驴技穷了。“幻想”自己的避而不见能够阻止关羽离开。
免见
关羽知道曹操是故意不见。在不知道刘备的讯息时，他尚可用“降汉不降曹”等借口来粉饰遮掩。而知道了刘备的情况却不立即采取行动，必然会被人痛责为“背主求荣”。这是关羽宁死也不愿接受的社会评价。
背主
求荣
为了平息内心的不协调，关羽当即封金挂印，不带走曹操赏赐的分毫财物爵位，只用一辆小车，载着两位嫂子，启程上路。
曹操得知关羽已走的消息后，呆坐半响。
云长，他竟去了！

看到曹操这副失魂落魄的模样，大将蔡阳感觉发泄报复的机会来了。
丞相，小将愿率五千铁骑，去擒关羽回来，献给丞相。
蔡阳
蔡阳这一说，曹营中人顿感人心大快。关羽就像一片乌云，笼罩在众人的头顶上。蔡阳们每天都在关羽的阴影中度日。现在，乌云终于飘走了，蔡阳们再度阳光灿烂。
蔡阳的话点醒了曹操。既然关羽已经走了，他就不再苦苦眷恋不舍了。当曹操抛开了这种困扰他很久的不良情绪后，他立即就恢复了那种敏锐、机警的能力。
不良
情绪
为什么要去追赶关羽？事主不忘其本，乃天下之义士也。来去明白，乃天下之大丈夫也。你们都要好好向关羽学习！
这句话把诸多谋士将士都惊呆了。我们都要好好向关羽同志学习？学习什么呢？难道学习他“降汉不降曹”，学习他“不告而别”？

难道是关羽之走对曹操的打击让他胡言乱语？曹操是个心理恢复能力极为强大之人，当年他罹受杀父之仇、丧子之痛都很快释怀，怎么可能沉溺于关羽的离去呢？
杀父之仇
丧子之痛
关羽离去
曹操的这个举动正好生动地说明了“自我辩护”这一心理机制的存在。
每个人都认为自己的所作所为是正确无误的。一旦外部的证据证明我们确实犯了错误，我们的心理防御机制就会想出种种理由，来为自己辩护。
辩护词
律师
曹操在关羽问题上确实犯了很多的错误。但曹操为了维护自己的面子，是绝不肯承认的。所以，他会斥退蔡阳，并公开将关羽树立为一个“义不背主”的典型。
义不背主
在这个问题上，曹操主动和关羽结成了利益共同体。只有把关羽的行为确定为正确的标杆，曹操也就是正确的。

但曹操的这番话也深深刺痛了他的老部下。程昱再也按捺不住。
关羽有三大罪状！
三条大罪
罪人
一条罪状：关羽事急来降，丞相立即拜他为偏将军，上马金，下马银。虽然斩颜良、文丑，立了点功劳，但丞相立即封他为寿亭侯，恩荣已极。今日弃丞相而去，不能尽忠，这是第一条罪状。
二条罪状：关羽没有丞相的命令，就飘然而走，目无法纪，这是第二条罪状。
三条罪状：虽然故主刘备对他有些微薄的恩义，但他忘却了丞相的大恩大德，胡乱写了封信，冒犯丞相的威严，这是第三条罪状。
如果今天让关羽归顺了袁绍，等于是放虎归山，日后必有大患。不如派蔡阳诛杀，永绝后患。
程昱说完，曹操帐下一片附和赞同之声。曹操知道事情严重了，蔡阳、程昱的行为绝不是个体行为，如果不妥善加以处置，恐怕队伍就会散了。
说得好啊！

曹操决定退一步，改简单的“自我辩护”为“替关羽辩护”，甚至不惜将责任揽到自己身上。
被告
律师
关羽不告而别，终是失礼。
诸公，关羽投降时就预先声明，有了刘备的消息就要走人的。我当初既然已经答应了他，就不能失信于人哪。
关羽并非不告而别。他曾来我府上，我没见他。他又留书一封给我。走的时候，还把我赏赐给他的金帛全部留下。
正所谓是千金不可易其志，大忠大义的大丈夫啊！他要不走，我对他还不怎么佩服。他这一走，我简直是对他佩服得五体投地啊！
程昱看曹操的辩才实在了得，但实在咽不下这口气，又想出一条理由。
丞相，关羽日后为祸，您将来可不要抱怨啊。

哈哈，云长可不是负义之人。将来如果我们刀兵相向，那也是各为其主，人情靠后。我不如再送他一个大人情，专门赶去送他一程。
曹操吩咐张辽先行，赶上关羽，让他暂留片刻。曹操又命令下人准备了一盘金子给关羽当盘缠，又备了一件崭新的红锦袍给他当秋衣。真是无微不至。
曹操以前对关羽的好，关羽将其视为一种利益性的交换。在他斩杀颜良、文丑后，关羽觉得两不相欠了。而当关羽离去后，曹操不但不以为忤，反而更加示好，这倒是让关羽深深感动了。
关羽只收了红锦袍，几乎没有人会知道，就是这件微不足道的红锦袍所附随的恩惠，在不久后的将来，会拯救了包括曹操、程昱在内的多条性命。
关羽过五关斩六将，历经艰辛，终于与刘备、张飞重新聚会，共谋大事。
刘
心理感悟：逼人认错，反而会将其往错误的方向推得更远。

覆没袁氏

袁绍最近心情很不顺，颜良、文丑两员大将被关羽杀死，而刘备说要劝关羽来归，却找了个理由开溜了，让袁绍鸡飞蛋打，两手空空。
最近比较烦，比较烦……
后来江东孙策身死，将大权交给兄弟孙权。袁绍派人前去结连，却被曹操抢先一步，封孙权为讨虏将军。
吃啥都赶不上热乎的！
袁绍深感挫折，一股怒火无处发泄，便起念要与曹操决战。他点起五十余万大军，要往官渡进发。
官渡！
我受够了！
弗洛伊德认为，如果不允许人们带有攻击性地表达自己的思想感情，这种攻击性能量会受到抑制并形成压力，这时这种能量就需要找到一个发泄渠道，要么以极端暴力的方式爆发，要么以精神疾病的症状显现出来。
嘿嘿，我是玉皇大帝，谁敢惹我！
尽管这一理论受到了质疑，但从我们很多人的个体体验中，却还是能体会到弗洛伊德这个判断的合理之处。
嗤——
爆竹

袁绍手握重兵，当然用不着强行压制自己的愤怒情绪，他出兵攻击曹操，除了政治上的考量，也是一种最好的心理发泄。
嗵！
但第一谋士田丰没有摸透袁绍的心理，就又来阻止袁绍出兵了，理由还是老一套。
天时未到，如果妄然兴兵，必有大祸。
一向与田丰不合的逄纪马上利用起这个机会。
主公兴仁义之师，田丰却出不利之语！
田丰此言是对袁绍负责的态度，本无恶意，但逄纪的这句话却把田丰的目的来了个乾坤大逆转。
袁绍对曹操的一口恶气，全发泄到了田丰身上，田丰被下了大狱。
等我破了曹操，回来再砍你的头！

大军行至阳武，田丰的“亲密战友”沮授又按捺不住了。
我军不如曹军勇猛，但曹军粮草不如我军充足。所以，我军应该缓缓长守，曹军断粮就不战自退了。
沮授的意见是对的，但不吻合袁绍此刻的心境。每个人在付诸行动之后，不管先前的决策是否正确，在一定的期间内都会坚持下去的。这是一致性的体现。
3个，4……个！
锻炼计划，每次举500个
袁绍大怒，将沮授囚禁在军中，待破曹后，与田丰一并问罪。至此，田沮一派彻底失势。
逢纪、审配这一伙胜出。但随即，这一大帮人又开始内斗，这其中最积极的就是审配，他借奉袁绍命令去后方筹备粮草之机迅速开始了行动。
筹粮
袁曹两人阵前相见，别有一番感慨。这两人少年时曾一同飞鹰走犬，青年时曾一同讨伐董卓。如今，两人都已步入中年，却开始了面对面的刀兵相见。
VS

曹操自觉占据了道义之先，率先责问。
我在天子面前保奏你为大将军，你为什么数次要背叛造反？
袁绍也知道要将道义抓在自己手上，血诏之事也就成了最好的反击理由。
你名义上是汉相，实际上是个汉贼！罪恶弥天，比王莽、董卓还不如，怎么敢诬陷别人造反？
我奉诏讨贼，你还敢胡言乱语？
我就是奉衣带诏征讨你这奸贼的！
曹
袁
话不投机，两军展开大战，曹兵一时不敌，退往官渡。袁绍军逼近官渡下寨。两军相持数月，曹营粮草将尽。

曹操急忙派使者往许昌，让留守的荀彧等人尽快筹粮，但使者却被袁兵擒获。袁兵搜到了曹操的求救信，来见袁绍的谋士许攸。
曹使者
许攸虽然足智多谋，却一向贪财好货，年少时也是曹操的浪荡玩伴。许攸看了信，认得是曹操亲笔所写，如获至宝，立即来见袁绍。
曹操尽起兵马，许都必然空虚。如果我们分兵奔袭许都，许都唾手可得。那时，我们就可以奉迎天子，昭告天下，曹操被我们首尾夹击，必然束手可擒。现在曹操粮食已尽，正是分兵攻击的大好时机。
许攸自以为这一条妙策一定能够让袁绍极为欣喜，但没想到袁绍却直摇头。
曹操诡计多端，这封信一定是他的诱敌之计。不可轻举妄动。
为什么袁绍会做出这样的判断？实际上，关于粮草的问题正在向沮授的预言发展。可是，袁绍早已经否定了沮授的意见，并将他在军中锁禁。

袁绍先前的这一做法，导致了内心对信息的选择性吸收。他倾向于听到与沮授所言相悖的信息，而不是与沮授所言相符的信息。从而，他更愿意相信曹操故意使诈，而不相信曹操是真的断粮了。
使诈
断粮
许攸非常着急，正在想方设法要说服袁绍。为袁绍镇守后方的审配的信就在此刻送到。
审配的信先是说了运粮之事，后面很大的篇幅却是说许攸在冀州时大肆收受贿赂，又指使子侄们胡乱课税征粮，据为己有。还说已经将许攸的子侄们捉拿下狱，俱已招认。
审配、许攸等人本是一伙的，由于田沮一派失势，共同敌人的消失，也就开始了新一轮的内斗。审配趁许攸出征之际，就在后方搞许攸的小动作。
袁绍听许攸的论调像极了沮授，本来就不高兴，如今见了审配的信，勃然大怒！
你这个滥行匹夫，背着我干了这么多坏事，今天竟然还有脸在我面前献计献策！

心理感悟：有敌人不见得是坏事，没敌人不见得是好事。

曹操为什么如此激动？曹操是一个嗅觉极为敏锐的人，善于捕捉到蛛丝马迹的细节背后隐藏的重大秘密。
当年他行刺董卓不成，逃亡时在中牟县被陈宫抓获，收押在牢里。到了晚上，陈宫将曹操从牢中提出，在后院再次审问。就这么一个小小的举措，就让曹操意识到自己的活命机会来了。
在两军相持的敏感时刻，许攸突然深夜来访，背后必定隐藏着巨大的秘密，而这秘密也许就会对这场战争的胜负起到决定性的作用。所以曹操连鞋也来不及穿，就冲到帐外迎接许攸。
子远远来，**吾**事济矣！
曹操对许攸深深一拜。
公乃汉相，吾乃布衣，公何谦逊如此？
公乃**操**故友，岂敢以名爵相上下乎！
某有眼如盲，屈身袁绍，言不听，计不从，今特弃之，来见故人。丞相无疑焉？

吾素知公信义之士，有何所疑？愿闻子远破绍之计。
吾教袁绍差拨轻骑乘虚袭许都，首尾相攻。
若袁绍用子远之言，吾等皆死无葬身之地矣。袁绍势大，不可当之。愿教我破绍之策。
丞相军粮尚有几何?
可支一年。
非也。
有半年耳。
吾真心相待，汝何相欺也?
子远勿嗔，尚容实诉：军中粮实可支三月耳。
世人皆言孟德奸雄，今果然也。
岂不闻兵不厌诈。

军中止有此月之粮。
休得如此！汝粮尽绝！
何以知之？
此书何人作也？
何处得之？
子远既念旧交而来，愿赐教诲。
许攸以获使之事相告。
曹操与许攸的这一段心理交锋精彩异常。首先，曹操虽然知道许攸很可能带来自己迫切需要的好消息，但大敌当前，绝不容有任何闪失。所以，曹操一方面对许攸以最隆重的礼节待之，另一方面却不肯袒露自己的底牌，而是反复试探，直到将许攸的底线探测明白为止。

很多人将曹操的行为视为狡诈之举，其实不然。若非在关键时刻如此谨小慎微，曹操怎么可能笑到最后，赢到最后。
胜
诸侯王
诸侯王
当然，能够像曹操这样面不改色，大撒其谎，在屡屡被揭破之后，仍然坚持将撒谎进行到底，也确实需要极为良好的心理素质。尽管从面部表情上无法轻易判断出曹操是否在撒谎，但从他的话语用词中却可以发现一些蛛丝马迹。
用词
这是撒谎者的微妙心理的必然性外化。撒谎大都会让人在潜意识中感到羞耻，从而，在潜意识的作用下，撒谎者很少提及自己。很少用“我”、“吾”、“我的”、“我们”、“吾等”等这些指代自身的词语。
在许攸问及军粮情况之前，曹操一共说了5句话，每句话里都有一个指代自身的词，分别是吾、操、吾、吾等、我（见上文黑体字部分）。但在许攸揭破曹操已经断粮的真相之前，曹操也说了5句话，但却没有用一个指代自身的词。
吾 吾等
吾
操 我
我 我的 吾
吾 我们

曹操前后的两段话语正是一个典型的例证。我们还可以用许攸的话语从另一个角度来加以验证。许攸说的都是真话，所以，他在话语中用了吾、某、吾、吾等指代自身的词语，前后并无明显的反差。
吾
吾等
某
吾
某
某
某
吾
吾等
某
那么，许攸又为什么要借着信息不对称的优势，对曹操反复逼问，终于逼得曹操亲口承认断粮的事实呢?
许攸和曹操虽是少年时的密友，但大战之中，贸然从敌对阵营来投，换了谁也不可能完全地相信他。所以，许攸要想在曹营立足，首先要取信于曹操。
许攸的做法是先发制人，先说了前来投奔的理由，这样直截了当，反倒显得他内心坦荡，绝无诈降之意。曹操只能顺着他的问话回答说自己不会怀疑。
我是真心的
我信!
这一问一答，基本上就确保了许攸可以留在曹营，但许攸所图的是既要立住脚，又要得到重用。那么，在什么情况下才能得到重用呢?
好重啊

只有逼曹操吐露真言，许攸再说出自己的釜底抽薪之计，才能尽显其对于战争胜负的不可替代性。正是在这种心理的推动下，许攸才一再揭破曹操的谎言。
二人经过这一番惊心动魄的心理较量，终于把手言欢。曹操真诚地向许攸请教破袁之策。
许攸还特别提出，如果乌巢守军询问，就说是大将蒋奇奉令前来护粮。谎言要想成真，关键要注重细节。如果许攸不是对袁营情况了若指掌，是不可能编出完美无缺的谎言的。
曹
袁绍的粮草全部囤积在乌巢。由大将淳于琼把守，此人好酒贪杯，只要遴选精兵，诈称袁军前来助守，就能将乌巢之粮全部烧毁。这样，袁绍大军必然败退。
曹操大喜。次日，曹操亲自挑选五千人马，扮成袁军模样，准备去乌巢烧粮。张辽等大将得知后，立即赶来劝阻。
?

心理感悟：唯一不会撒谎的只有潜意识。

再说袁绍闻报乌巢有失，急忙召集文武商议。大将张郃提出要与高览一起赶去乌巢救援。
谋士郭图却否定了他的意见。
曹操去乌巢劫粮。大寨空虚，可以用围魏救赵之计，直攻曹操的大本营。
曹操用兵多算，他劫粮之时肯定会在大寨留好伏兵。
张郃的判断完全正确。但他的话语权没法与郭图抗衡。袁绍决定派张郃、高览引兵去攻曹操的大营，另派大将蒋奇去救援乌巢。
劫营
袁
救粮
蒋奇半路上被曹操斩杀，曹操又命人伪报袁绍，说蒋奇护粮成功。但随即大批败兵逃回，袁绍这才知道乌巢已经不保。

张郃、高览去攻曹操营寨，正好落入埋伏，大败。郭图得知后，怕二人回来后对自己不利，急忙向袁绍进谗言。
张郃、高览早有降曹之心，今日见将军落败，心中欣喜。
郭图又派人到前方找到张郃、高览。
主公要杀你们，就等你们回来下手。
郭图使者
张郃、高览被郭图的假消息一逼，走投无路，只好向曹操投降。
投降书
两面运作
曹营
郭图这样做，表面上看，是为了掩盖自己的判断失误。实际上，这和袁绍的作风有关。袁绍不是一个愿意承担责任的领导，失败的时候，一定会杀一两个相关者。郭图深知这一点，这样做就是为了保住自己的命。
袁绍军心涣散，曹操大败袁军。这就是军事史上“以少胜多”的典型案例——官渡之战。
官渡之战

曹操搜检战利品时却发现了一大捆书信。这些信是曹操在许都以及军中的部下写给袁绍的暗通示好之信。
通敌信件
按照军法，这些人的背叛行为是要杀头的。所以，谋士荀攸建议曹操，对这些人要一一查对出姓名，全部杀掉。
以袁绍之强大，连我也没有信心一定能自我保全，又怎么能够怪他们不够坚定呢？还是把这些信全部烧掉吧！
曹操考虑的是，杀掉这些人不会给自己带来什么好的影响。但如果宽恕这些人，则是一种巨大的施惠。本该遭到报复的人会因为得到宽恕而感激涕零，加倍效忠。曹操也能因此获得良好的名声。这是从内部而论的。
从外部来说，袁绍虽败，但其实力仍有一定残余。这时要防止他卷土重来。从而，要团结一切可以团结的力量，而不是急着给自己树立更多的对立面。

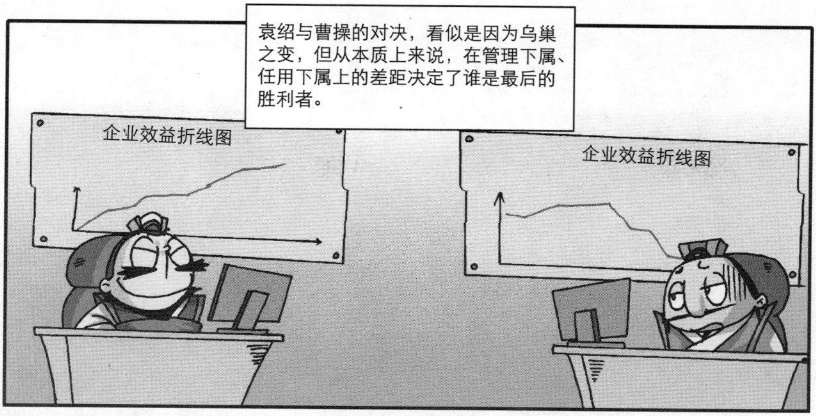
袁绍与曹操的对决，看似是因为乌巢之变，但从本质上来说，在管理下属、任用下属上的差距决定了谁是最后的胜利者。
企业效益折线图
企业效益折线图

袁绍的实力远胜曹操。下属也对他忠心耿耿。田丰、沮授、许攸都提出过非常英明的建议，袁绍哪怕采用了其中一条，都可以轻松胜过曹操。有一大帮实力智力出众的下属，却不能好好任用，这就是袁绍之所以失败的地方。
千里马

袁
官渡之后，袁绍还有二三十万人，实力仍不容小看。只可惜，他的思维还是一片混乱，在立谁为接班人的问题上再度将组织推向了分裂。

袁绍有三子成人，老大袁谭、老二袁熙和老三袁尚。按照常规，接班人是要立长子的。但老三袁尚形貌俊伟，颇有英雄之气。因此，袁绍特别喜欢袁尚。
大袁
二袁
三袁

外表的吸引力对于取得他人好感的作用，不论古今，都广泛地存在。

2008 年 8 月，美国总统大选正在进行之中，《华尔街日报》突然报道了一条令人惊讶的消息：候选人奥巴马可能因为身体太过健美而失去一部分选民。

其理由是，美国选民中有 66% 的人身体超重，有 32% 的人属于肥胖。

但另一份报纸《巴尔的摩太阳报》立即反驳说，这是无稽之谈。在连续多届总统选举中，最后获胜的一方往往是容貌更为俊朗、身材更为标准的候选人。

比如肯尼迪、克林顿、布什以及最后也真的加入这一行列的奥巴马。

美国著名的学者尼尔·波曼甚至对三类总统候选人宣判了“死刑”：胖子、秃子以及外表经过美容后仍然无法有较大改观的人。

普林斯顿大学的亚历山大 · 托多洛夫发表的一份研究报告称，脸部特征在人们的政治生涯中起着非常关键的作用。

托多洛夫让学生们观看几组黑白的头部特写照片，照片上的人分别是 2000 年、2002 年和 2004 年美国参议员选举中的胜出者与落选者。

托多洛夫请学生们针对每组照片指出其中的哪一个人更能胜任参议员。最后，学生们的选择跟实际选举结果的吻合程度竟然高达 70%。

70%

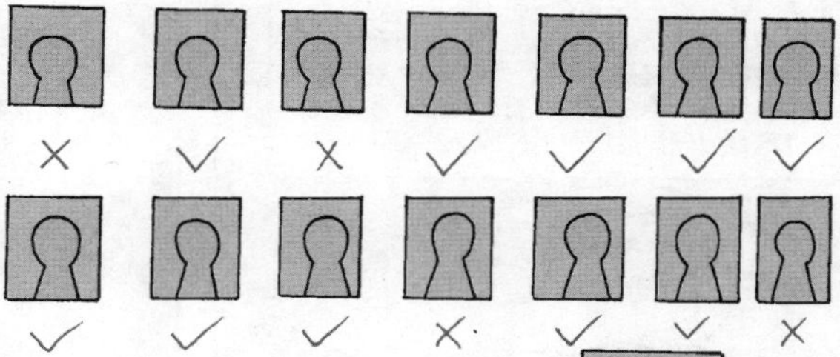

而且，依据学生观点的差异程度也能比较准确地预测到选举结果。如果大部分学生都觉得某人的照片看起来最有能力，那么这个人显然就是在选举中胜出的那一位。如果学生们的观点存在较大差异，那么就不太可能准确反映出实际的选举结果了。

这足以说明，人尽管号称是富有理智的动物，但其实还是深受本能的驱使。

心理感悟：组织内分易合难，领导者的真正使命就是破解这个难题。

曹操乘胜追击，大破袁绍。袁绍退入冀州，大病卧床。曹操正要攻下冀州，却得知刘备起兵抄自己的老家去了。曹操立即退兵，回援许都。
回兵
趁火打劫
许都
刘备为什么敢在太岁头上动土呢？在刘备看来，袁曹之战必定旷日持久，而最终可能还是袁绍获胜。那么，此时去抄曹操的后路，则是最佳时机。说不定，自己也能尝尝“挟天子以令诸侯”的美妙滋味呢。
但刘备绝对没想到，袁绍竟然很快就被曹操击溃。曹操回师迎击刘备。刘备只好硬着头皮迎战。
靠！来这么快！
刘备的这一点人马哪里敌得过曹操的大军呢？刘备大败，身边只剩下不到一千人。
惨败
刘备一直靠坚韧度过了无数的失败，但这一次失败，刘备彻底绝望了。
诸君都有王佐之才，不幸却跟随了我。我无立锥之地，命运窘迫，你们各奔前程，去谋取功名富贵吧。

刘备此时陷入的是重度抑郁。此症状的主要特征是：情绪悲观，对日常生活中的大部分活动失去兴趣和乐趣；有内疚感，感到自己没有价值，很自责；有自杀的倾向或举动。

我是担心他不肯收留我们啊。
孙乾要去跑一趟，一定要把此事说成。刘备一听仿佛抓住了一根救命稻草，给了他很大的心理安慰。
孙乾来见刘表。
听说你一直跟随刘备走南闯北，怎么今天到我这里来了？
刘使君被曹操击败，想投奔江东孙权。我劝他说，您怎么能背亲而向疏呢？荆州刘将军，是当世之英雄，投奔他就像流水归于大海一般，更何况您是他的同宗兄弟呢？使君因此心动，但唯恐冒犯将军，不敢擅自前来，所以，先命我前来，向将军禀告。
孙乾听出了这句话有几分嘲讽之意，但故作不知。
刘使君与您都是汉室子孙，现在刘使君要想全力扶持社稷，只恨兵微将寡。汝南的刘辟、龚都，和使君无亲无故，都愿意以死相报。
汉
孙乾的这段话很有水平。首先，他将刘表、刘备都划归于汉室子孙这一特殊群体。就这个群体而言，大家扶助汉室的立场必然是一致的，那么，刘备有难，刘表就不能袖手旁观。

“汝南的刘辟、龚都，和使君无亲无故，都愿意以死相报”，你刘表作为刘备的同宗兄弟，难道还能不如他们吗？
“刘使君想投奔江东孙权。我劝他说，您怎么能背亲而向疏呢？”刘备和刘表的关系近，和孙权的关系远，如果刘备“背亲而向疏”，就会造成刘表不能容人，连自己的同宗兄弟也不肯收留的恶评。
不能容人
“荆州刘将军，是当世之英雄”这等于是给刘表贴上了一个“英雄”的标签。英雄就应该有英雄的胸襟和气度，就应该敞开怀抱，去迎接刘备来投。
英雄
在孙乾的强力说服下，刘表听得心花怒放。
玄德是我的兄弟，我早就想和他相见却一直没有机会。我立即派人去迎接他。

心理感悟：很多人不是死于逆境，而是死于绝望。

刘表先是十分厚待刘备，但经不住蔡瑁等人的排挤，只好安排他在新野安身。
刘
新野
曹操这时正在狠 K 袁绍，袁绍连连失败，重病不起。临终之前，袁绍立袁尚为接班人。
袁尚继位
长子袁谭不服气，内乱顿起。袁谭后被曹操所杀，曹操攻破冀州，袁尚、袁熙兄弟败逃，曹军入城。
入城后，不得杀害袁氏一门老小。军民投降者免死。
这时，曹操的长子曹丕正在军中，时年十八岁。据说，曹丕出生时有一片青色云气，覆在卧室之上，终日不散。
曹
呜哇！
此子贵不可言，非人臣之气！

曹丕年轻气盛，提剑冲入袁府后堂，非要斩杀袁绍的家人，彰显他征服者之子的风采！
袁绍的后妻刘夫人正抱着一个年轻女子痛哭。曹丕举剑要砍。年轻女子惊呼一声，曹丕一看这个女子玉肌花容，倾国之色，不由惊呆了。这个女子正是袁绍二儿子袁熙的妻子甄氏。
异性的美貌所带来的愉悦感是很难抗拒的。总体而言，女人倾向于因性格而爱上男人，男人则倾向于因外表而爱上女人。女性外貌的影响力对于男性是非常巨大的。
我爱你！

心理学家阿伦森和西格尔曾经做过一项实验，证实了有吸引力的女性比没有吸引力的女性对男性有更大的影响力。

实验是这样的：他们挑选了一位天生丽质的女士，先让她扮演无吸引力的样子。衣着松垮凌乱，头上戴着与她的肤色很不相称的金黄色蜷曲假发，皮肤看上去很油腻，显得很不健康。

由她来给几位男大学生进行访谈。访谈结束时，这位女士会给大学生们打分。其中，一半学生得到的是非常好的评价，另一半的学生则得到了差评。

结果显示，当这位女士打扮得没有吸引力时，男大学生们似乎不太关注从她那里得到的评价是好是坏。两组男生对她的喜欢程度大致相当。

而当她以楚楚动人的本来面目出现时，获得好评的大学生更加喜欢她了。而获得差评的大学生，会表示出对她的更加不喜欢。但尽管这些男大学生声称不喜欢她，他们仍然在随后的实验中表现出想与她交往的强烈愿望。这个实验充分说明了男人大都是好色之徒。

曹丕就这样被这个年轻女子的美色打动。顿时换做满脸正气的样子。
我是曹丞相的儿子。我愿意保护你们全家安全，你们不用担忧。
实际上，这两个女人根本用不着曹丕来保护。曹操早已下令，任何人不得伤害袁绍的家人。以曹操治军之严，除了曹丕这个愣头青，谁敢违背？
军令
曹操听说曹丕进入袁府，十分震怒。
将曹丕就地正法！
如果没有世子在这里坐镇，恐怕其他人早就进去捣乱了。
荀攸、郭嘉见机不妙，连忙进言。
这句话纯属鬼话。曹操刚一下达杀人令的时候，是出于一种维护军令的本能反应。荀郭两人的劝阻却给了曹操一点思考的时间。
曹操一直将击败强大的袁绍视为天意。攻破冀州后，曹操对于“天命在我”的感觉就更加强烈了。由此，他猛然想到了曹丕出生时那个望气之人的话。

心理感悟：男人对付男人的最好武器是剑，
女人对付男人的最好武器是貌。

曹操占了冀州后，决定到袁绍的墓上去祭拜一番。大家开始以为这是曹操作为一个胜利者的耀武扬威。但曹操祭拜之时却痛哭流涕，令众人大为惊奇。
袁绍墓
曹操的哭和刘备的哭大为不同。刘备的哭，大多是工具性哭泣，是想通过哭泣来达到某一种目的。
而曹操是个真性情的洒脱之人，笑多哭少，他的哭泣基本上都是情感性哭泣，是要通过哭泣来释放一些强烈的情感。
曹操一直将袁绍视为最大的对手，而此刻这个对手却已长眠地下，天人永隔。曹操顿时涌起一种怅然若失的感觉。
没有对手的日子好苦啊！
袁绍墓
再说许攸，见曹操攻克了冀州，觉得自己这次真是居功至伟，如果没有自己献上良策烧了乌巢之粮，这个曹阿瞒还不知道在哪里苦苦挣扎呢。
阿瞒，如果没有我，恐怕你进不了这个城门吧！哈哈！

阿瞒是曹操的小名，除了许攸，谁敢在三军面前直呼这个小名呢?许攸这个狂人在某种程度上和祢衡有一拼，都是想通过贬低重要人物来炫示自己更胜一筹。
我贬孔融!
我贬曹操!
曹操得了冀州，心情不错，听了许攸的话，也不以为忤。
子远，你说得是啊。
我等血溅疆场，死了多少人，才打下来这座城池，你不过一介腐儒，怎么敢在我面前夸口功劳?
许攸见曹操也认可这一点，更加不可一世，这一天在东门遇到了许褚。
你们这些匹夫，如果没有我，哪里能够进得了这个城门?!
许攸心想，连曹阿瞒都认可我的功劳，你这个匹夫，胆敢和我顶嘴?当即破口大骂。许褚一怒之下，拔出宝剑就把许攸给剁了。
许攸和许褚“二许争功”，各自都认为攻下冀州是自己的功劳。这一现象毫不奇怪，而是普遍地存在于现实生活之中。
功

一般而言，人们都会情不自禁地将成功的主要原因归功于自己。这就是自我服务偏见，或者叫做自利性偏差。
是我号子喊得响！
是我们划的快！
是我鼓敲得响！
身高大比拼
2005年，库鲁索等人让一些硕士生评估自己在其研究小组已经完成的任务中的贡献比例，然后把成员的评估值相加，总和竟然为139%。当然，这是不可能的，因为最高的贡献之和也只能是100%。这多出来的39%就是每个人都高估了自己的贡献造成的。
许褚提着许攸的脑袋来见曹操。
许攸张狂无礼，所以我把他杀了。
子远是我的老朋友，我知道他喜欢狂言戏弄，你为什么要把他杀掉呢？
这不公平！
按照军法，许褚是要被杀头的。但许褚是曹操的心腹爱将，如果再杀了他，就二许皆失了，所以曹操只是责怪他，却没有采取其他措施。许攸也为自己的狂傲付出了最惨重的代价。
曹操向崔琰询问冀州的户籍情况。曹操看了户籍清单后，大喜！
冀州竟然有三十万人口！
户籍清单

当时本就地广人稀，人口又因战乱而急剧减少，而冀州竟然拥有三十万人口！那么，今后征兵征赋都有了保障，所以曹操喜形于色。
征兵
这也说明，曹操在绝大多数时候心里是藏不住事情的。心中所思，顿时化作口中所语。换了刘备，哪怕心里也和曹操抱有同样的想法，也绝不会原样照搬，宣之于口的。
冀州多次罹受战乱，百姓苦不堪言。现在丞相不先查问百姓疾苦，却先考虑征兵征赋，这哪里是仁义之师的做法啊？
崔琰容貌俊朗，为人刚正不阿，这番话说得合情合理，曹操听了，立即恭恭敬敬地向崔琰谢罪。
此时，袁尚、袁熙已经逃入番邦。曹操作为一个成熟的政治家，深知斩草除根的重要性。他决定，立即向番邦进军。
一路上，黄沙漫漫，狂风四起。曹操暗生退军之心，就向郭嘉说了自己的意思。此时郭嘉因水土不服，卧病于车上。
兵贵神速，应该派轻骑飞速前进，趁其不备，一战而胜之。

心理感悟：是“我”的存在，让这个世界大了许多。

曹操按兵不动，夏侯惇等人急着来进言说赶快进兵辽东，以免袁熙、袁尚日久生患。
呵呵，数日之后，公孙康自己就会把二袁的首级送来了。
公孙康正是二袁所投的辽东之主。夏侯惇等人一听，均摇头不信。天下哪有这样坐等送货上门的美事。
再说二袁如丧家之犬，急奔辽东而去。公孙康得知他们来投，召集本部属官，商议此事。
公孙恭
当年袁绍就有吞并辽东之意，只是无暇顾及。不如将这两个人斩首，送给曹公，曹公必然重待主公。
公孙康
如曹操进兵，就收留二袁；如果曹操不来，就杀二袁送给他。
但公孙康担心曹操趁势攻打辽东。如果这样，那就不如收留二袁，以为助援。
这就是郭嘉的遗信中说的。郭嘉深谙人的心理，他知道，共同的外部威胁能够有效促进新的“统一战线”的凝聚成型，也能够有效抑制既有团队内部的纷争，促进团队内部的团结。
二袁的脑袋就这样和曹操的进兵与否挂上了钩。那么，曹操是怎么预先知道的呢？
进兵与否

心理学家约翰·兰则塔在 1995 年做的一个实验，与郭嘉 2000 多年前的判断严丝合缝，完全吻合。

兰则塔让海军军官学校的学生四人一组完成一个问题的解答任务，然后用广播公开告知其中的一些小组，他们的答案都是错误的，他们的想法都非常愚蠢。

而另外一些小组则没有受到这样的公开指责。结果发现，那些受到批评的组员们彼此变得更加友好，更加合作，也更少出现争吵与恶意竞争。

外部的威胁或不良评价也能很好地强化个体之于群体的归属感。在美国的“9·11”恐怖事件发生之后，一位美国黑人说：“以前，我以为自己只是一个黑人，而在‘9·11’之后，我比以往任何时候都更加觉得自己是一个美国人。”

另据统计，“9·11”事件发生之后，纽约市长朱利安尼在新闻发布会上使用的“我们”一词比以前多了一倍。

时任总统的布什也从中明显获益，其支持率在“9·11”之后从之前的 51% 骤升至 90%。

外部的威胁甚至还可以让敌对的双方，摒弃前嫌，一起对付威胁更大的强敌或解决迫在眉睫的重大难题。

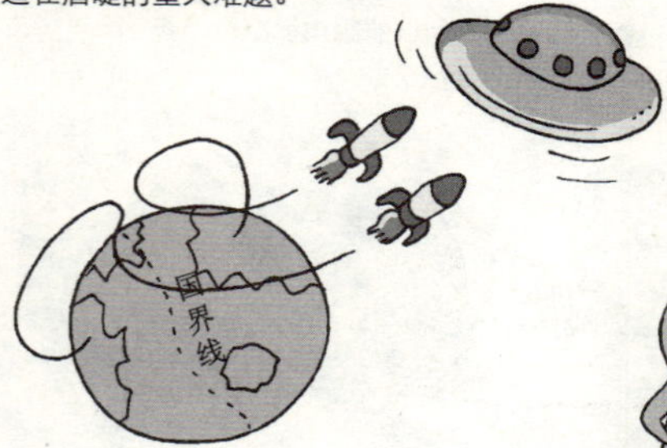

心理学家谢里夫曾经做过一个夏令营的实验。他将参加夏令营的男孩子们分成两个团队，展开竞争。这两个团队很快反目成仇，互不相让。

谢里夫为了让两个团队和解，特意设计了两个重大任务。第一个任务是修复夏令营的供水系统。第二次，他提供了一个可以租借影碟的机会，但所需的费用需要动用两个团队的共同资金。

这两次任务，都不是单个的团队可以独力完成的。而这两个团队为了完成这两项任务，很快就从敌对状态转变为合作状态。

所以，明智的领导者往往会通过设定一个外部的强敌来促进内部的团结或和外部团体的合作。

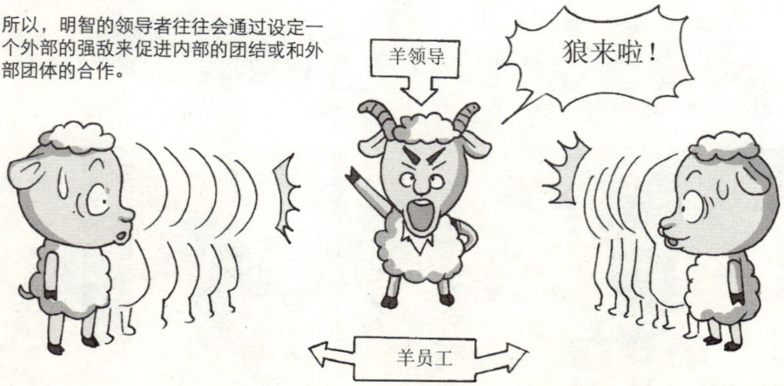

心理感悟：外敌的一个重要功能就是保障内部团结。

征南受挫

曹操以为拿下刘备手到擒来，但他派出的曹仁、李典等人却被化名单福的徐庶连续轻松击败，连樊城也被徐庶夺了。
刘
曹
曹操设计将徐庶骗到曹营。没想到徐庶临走前向刘备推荐了诸葛亮。刘备三顾茅庐，请出诸葛亮。
诸葛亮刚一出山，出手比徐庶还猛，火烧博望坡，以少胜多，击败了夏侯惇。
曹
曹操决定亲自出征，顺带灭了刘表，荡平江南。
刘表、刘备都是汉室宗亲，又不曾背反朝廷，而江东孙权，依托长江之险，很难取胜。如果今日发起不义之师，必会损军折民，大失天下所望！
但孔融却站出来阻拦。

这番话说得曹操很不开心。曹操每每出征，都是打着天子的旗号，当然是仁义之师了。但孔融却将曹操的此次出兵定位于“不义之师”，这等于是撕破了曹操一贯的面具。
刘备多次羞辱耍弄我，现在刘表却养着他和我作对，孙权也是个逆背王命的家伙，这些家伙难道不该讨伐吗？你要再乱说话，我就斩了你。
不义
孔融说出这番冒犯曹操的话，是因为，孔融觉察到曹操这个以“匡扶汉室”为口号的豪强越来越走向“反动”了。如果他再歼灭刘表、刘备的话，恐怕汉室就危在旦夕了。孔融作为汉室老臣，一代大儒，觉得自己不能不站出来说几句话了。
但孔融毕竟还是怕死的，当曹操用死亡来威胁他时，他退缩了。孔融闷闷不乐地退出丞相府。
曹府
御史大夫郄虑向曹操进谗言，说孔融和刘备、刘表关系非常好，经常书信来往。孔融又经常与孙权暗通消息。可见孔融确实是个大逆不道的反贼！
曹操虽然经常上当受骗，但却很少因为一些看起来明显是“捕风捉影、无中生有”的理由杀人。但这一次，曹操却将孔融斩了！

杀孔融，是曹操这一生中的重要转折点。曹操之所以能够称霸天下，就是因为他善于用人，也善于容人。
但是，持续不断的成功让曹操开始不再谦虚宽容，而是刚愎自用。这是成功者的一种通病。越成功就越容易患这种“成功病”。
导致“成功病”的心理机制是“焦点效应”。我们每个人的潜意识里都把自己看作是这个世界的中心，倾向性地认为全世界的焦点都会集聚在自己身上。这就是“焦点效应”。
但对众多的小人物来说，残酷的现实很快就会告知他们这是不可能的。所以，大多数人的“焦点效应”会被逐渐消磨掉。
领导
而领导者则不同，他们处于所在组织的金字塔顶端，本来就比一般人受到更多的关注。当领导者刚刚起步时，还能比较自觉地来抑制“焦点效应”的作用，让自己以虚怀若谷的面貌出现，获得更好的名声。

但是，当领导者持续不断地取得成功后，他就越来越会以自我为中心。因为成功会不断地强化“焦点效应”的效果，最终让领导者不可自抑地受潜意识控制。
曹操杀孔融这一事件，正说明了曹操潜意识中“以自我为焦点”已经开始显山露水了。
曹兵整装待发，荆州刘表的生命却走到了尽头。他有心传位给长子刘琦，但他死后，后妻蔡氏却连结兄长蔡瑁，伪称刘表传位于幼子刘琮。
投降
投降
刘琮刚刚坐上荆襄之主的宝座，曹操的大军就已杀到。荆州以蔡瑁为首的安逸惯了的文武被吓破了胆，纷纷撺弄刘琮投降。年幼的刘琮只好同意。
曹操兵不血刃，就得了荆州，更加深信“天命在己”。曹操一边派曹仁、曹洪去新野歼灭刘备，一边自己准备进荆州城。
杀刘备
进荆州
诸葛亮火烧新野，将曹仁、曹洪击败。但诸葛亮也知道，这只能暂时拖延曹军的铁蹄，他立即部署，刘备全伙撤往夏口。
新野

心理感悟：成功是成功者最终失败的根本原因。

荆州得来太容易了，曹操在飘飘然中根本忽略了刘备还在夏口负隅顽抗这回事儿，直接开始琢磨起江东的孙权。
吴
曹操写了一篇檄文，派使者送给孙权。孙权早已被曹操的百万大军吓着了。鲁肃建议，赶快到刘备处探听一下曹操的虚实。
操近承帝命，奉诏伐罪。旄麾南指，刘琮束手；荆襄之民，望风归顺。今统雄兵百万，上将千员，欲与将军会猎于江夏，共伐刘备，同分土地，永结盟好。幸勿观望，速赐回音。
这正好给了诸葛亮一个去东吴联合孙权抗曹的机会。就在鲁肃带着诸葛亮回东吴之前，曹操的檄文已经送到了东吴。
孙权和他手下的众谋士当然不会天真地以为曹操真的是在发出会猎的邀请。曹操这一阵子风卷残云般的军事行动，已经深深震撼了东吴众人的心灵。
杀呀！

群体极化
孙权拿不定主意，而以张昭为首的谋士群体整个儿陷入了“群体极化”之中。
“群体极化”是指在群体中进行决策时，人们往往会比个人决策时更倾向于冒险或保守，向某一个极端偏斜，从而背离最佳决策。
张昭等人正是如此。他们在孙权组织的讨论上，一致“极化”出了“向曹操投降”的观点。
降
降
降
降
降
当群体的个体之间相互激发，形成完全一致的倾向性意见之后，如果有其他人对他们的意见进行挑衅的话，这个群体的成员的态度会变得更为固执，甚至走向极端。
当鲁肃带着诸葛亮从江夏回来后，劝说孙权向曹操宣战，这等于是向“投降派”的观点发起了挑衅。于是，诸葛亮“舌战群儒”不可避免地发生了。
战
VS

辩论中，以张昭为首的东吴谋士轮番上阵，从不同角度为自己的“投降论”辩护。薛综看到诸葛亮击退了多名群体成员的进攻，他就祭出了“美化曹操来贬低诸葛亮”的招数。
败
败
败
败
你认为曹操是个什么人啊？
汉贼也！
现在曹操已经有天下三分之二，人人归心，只有刘豫州不识好歹，非要和他抗争。正是以卵击石，哪能不败呢？
错！古人云“天下者非一人之天下也，乃天下人之天下也”，所以，尧会把天下禅让给舜，舜又禅让给禹。成汤放桀，武王伐纣，列国相吞，汉承秦业，以至于今，天数将终于此也。
曹操不知道哪辈子烧了高香，竟然在敌对阵营中出现薛综这样的“超级粉丝”！薛综不惜搬出尧舜禹汤来当铺垫的工具，并用历朝历代的更替来说明天命已归曹操。
尧
舜
禹
汤
很多人也许会以为，薛综这种昏了头的做法只能出现在小说中，而不可能在现实中发生。其实不然。
××小说

1938 年 9 月 15 日，英国首相张伯伦为了阻止二战的发生，与德国总理希特勒进行了会晤。在此期间，希特勒准备进攻捷克斯洛伐克，但德军还需要到 9 月底才能准备好。

希特勒的如意算盘是让捷克斯洛伐克的防御部署拖延几个星期。希特勒一面秘密调动部队，一面承诺张伯伦，只要捷克斯洛伐克同意他的要求，和平就可以得到保证。

与希特勒会晤后，张伯伦在给妹妹写的信中说：“在他的脸上，尽管我看到了冷酷与无情，但我的印象是，这个人会信守承诺。”

五天之后，张伯伦在英国国会发表演说，面对其他人的质疑，他很有底气地为希特勒辩护，说他是一个将会信守承诺，言出必践的人。

事实证明，张伯伦是受了希特勒的愚弄，但我们从中可以看到的是，一个人为了维持自己（或自方）的正确性，会怎样地不择手段为自己（或自方）辩护。

幸好鲁肃出使江夏，没有被这个群体极化，诸葛亮鼓动东吴对曹操开战，但受张昭等人“投降论”的渗透，孙权又变得犹豫不决。
地图
诸葛亮智激周瑜，周瑜这才真正说服孙权铁心抗曹。
跟曹阿瞒拼了！
曹
信使
曹操派使者送信给周瑜，没想到周瑜将信直接撕毁，又斩了曹操的使者。两军交战，不斩来使。这是古时作战的规矩。但周瑜以这个打破常规的办法来显示他必战的决心和必胜的信心。
曹操本来还没有完全做好作战准备，但周瑜毁书斩使极大地刺激了他的自尊心。曹操当即命令蔡瑁、张允等荆州降将为前部，他自为后军，向东吴发起进攻。
蔡 张
曹
但蔡瑁、张允却被东吴人马击得大败。曹兵不习水性者，很多都溺死在江中。
败
曹操怒斥蔡瑁、张允无能。二人吓得魂不附体，说荆州水军久未经阵，请求曹操允许他们扎一个水寨，早晚操练，等到水军精熟，再发起进攻。曹操应允。

心理感悟：处在群体中的人往往会在思想上迷路。

军士来报，蒋干来访。周瑜大喜，顿时灵感喷发，在这一瞬间想好了一整套计划。除掉蔡瑁、张允就着落在这个老同学身上了。
周瑜之所以能这么快做出反应，有两个原因。第一，周瑜确实才华出众，且在内部具有绝对的控制力。第二，他对这个老同学再了解不过了。
博士
周瑜对诸将一一部署完毕后，出帐迎接蒋干。
吴
吴
吴
蒋干信心满怀，昂首而来。
贤弟别来无恙?
子翼劳苦，远涉江湖，是来为曹操当说客的吗?
蒋干顿时愣住了，他根本没有做好周瑜会直截了当地切入正题的准备，只能陷入非常尴尬的境地。
我和足下分别已久，近日听说你威震东吴，名扬华夏，特意过来叙叙旧。你干嘛怀疑我是来给曹操当说客的呢?

在这几句话的交锋中，蒋干前后的态度发生了天壤之别。从他对周瑜的称呼中就可以看出来。他先是带着心理优势并蕴含亲近之意地对着周瑜喊了一声“贤弟”，随即又颇带尊敬而稍感疏离地改称为“足下”。
贤弟！
足下！
为什么蒋干会出现这样的心理变化呢？蒋干和祢衡正好相反。祢衡十分自我，置外部情境于不顾，而蒋干则是个极其容易受情境影响的人，经常会随着环境的变化而丧失自我的立场。
蒋干觉得曹操天下无敌，荆襄望风而降，东吴也会如此。所以，他才会在不做任何准备的前提下，自告奋勇来东吴劝降，以为周瑜必然对曹操畏之如虎，不敢不降。
曹操
而到了东吴之后，蒋干见周瑜气势逼人，两旁将士们英锐异常，情境的变化，从而导致他内心的态度也随之变化。这就是蒋干前据后恭，自信顿消的真正原因。
泄气
周瑜拉着蒋干入了营帐，吩咐设宴，并召集江东英杰全部来与蒋干接风。给足了蒋干面子。

完了！回去没法交差了！
今日饮酒，只能叙旧，你拿上我的宝剑监酒，如果有提到曹操与军旅之事者，可立斩之。
周瑜随后叫来太史慈，下了“封口令”。
直到天将放亮，周瑜方才罢盏，带着蒋干抵足而眠。周瑜一上榻，就呕得榻上一片狼藉。后又鼾声如雷。
周瑜就是要搅得蒋干无法睡着。蒋干身心俱疲，无处安眠，只好下地走动，在周瑜内帐的案几上胡乱翻动。突然翻出一封信。
其实这是周瑜伪造的蔡瑁、张允写来的信。蔡瑁、张允在信中说了自己等人被逼投降曹操的无奈，只等时机一到，就要取曹操的脑袋。蒋干如获至宝，藏好密信，渡江回到了曹营。
蒋干兴奋地来见曹操，说自己虽然没能说动周瑜，但却给丞相打听到了一件大事。随即将密信呈上。
曹操看了，勃然大怒，立即将此二人斩首！
我们比窦娥还冤啊！

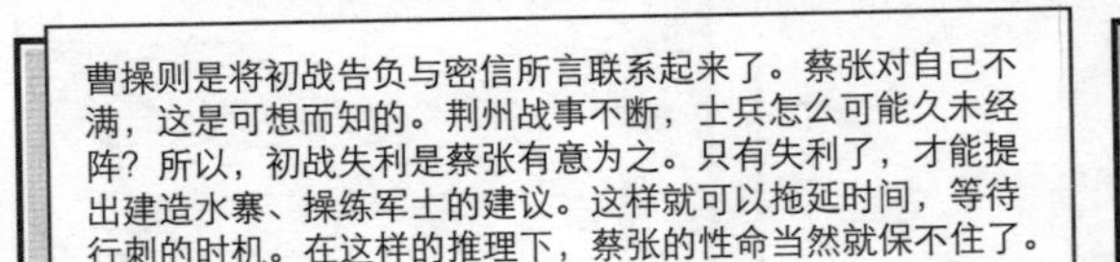

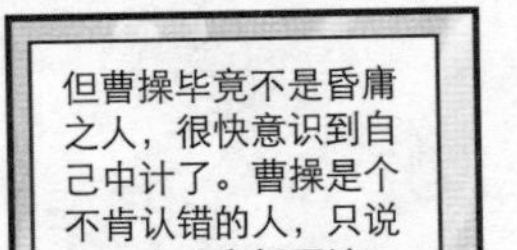

心理感悟：自我辩护是心灵竞技场上的常胜冠军。

曹操误斩蔡张，又被诸葛亮趁着大雾草船借箭，损失惨重，心情无比郁闷。
曹操使用“以降制降”的办法。让蔡瑁的兄弟蔡中、蔡和带着五百军士，乘数只小舟到东吴诈降，以作卧底。
此诈降之计被周瑜识破，周瑜封二人为上将，打算将计就计，利用他们通报假消息。
周瑜此时已经与诸葛亮商量好了火攻之计，需要一个人去曹营诈降，此时老将黄盖私下里来见周瑜，表示愿去诈降。二人随即商量好苦肉计。
次日，周瑜升帐，聚集众将。周瑜发令，说曹军非一日可破。要准备好三个月的粮草，以备御敌。

黄盖摆出一副倚老卖老的样子，“跳”将出来反对。
你是被曹操吓破胆了吧？还不如按照张昭的说法，弃甲倒戈，投降算了。
周瑜勃然大怒，喝令将黄盖推出斩首。在众人再三哀求下，周瑜这才改为责打黄盖一百军棍。
这场苦肉计瞒过了绝大多数人，却被参谋阚泽识破，阚泽来见黄盖，表示愿为黄盖去曹操处献诈降书。
是夜三更时分，阚泽扮作渔翁，驾一叶扁舟，来至北岸曹军大寨，被巡哨曹兵拿住。
请速报曹丞相，就说东吴阚泽，有机密大事相报。
曹操闻报，顿时想起了官渡之战中许攸夤夜来访的事情。曹操知道“天命在己”，而阚泽，应该就是上天派来的“胜利使者”。人总是喜欢总结已发生事件中的规律，并将其运用到未发生事件的预测之中。这也是一种错觉相关。
胜

但同样地，曹操尽管心中狂喜不已，但还是拿出他当年诳语应答许攸的办法，对阚泽严加审问。
你是东吴参谋，到此何干？
“引而不发”最能激发他人的好奇心。阚泽摆出一副奇货可居的样子，不正面回答，而是绕了一个弯。
我听说曹丞相求贤若渴，今日听到这句问话，看来很不相称。黄公覆啊黄公覆，你可真是打错了算盘！
你我两方交兵，你私行到此，我当然要问了。
黄公覆是东吴三世旧臣，今日被周瑜当众痛责一顿，愤恨已极，我们情同骨肉，决定向丞相投诚，将粮食、军器等献给丞相，这是黄盖写的降书。
降书
曹丞相亲启
曹操拿着降书反复看了十几遍。突然拍案大喝！
黄盖用苦肉计，派你来诈降！可惜被我识破，来人，将阚泽推下去砍了！

在这危急时刻，如果神色稍露慌张，就会坐实诈降之谋。只有反其道而行之，展示出一副胸怀坦荡的模样，才有可能挽回一线生机。
哈哈哈——！
有什么好笑的？
我又不是笑你，我只是笑黄公覆有眼无珠，不识人，害得我白白送命。
我熟知欺诈之道，你怎么骗得过我？
那你说说信中有何作奸之处？
如果你是真心来降，为什么不约定具体时间？
我和黄盖私下里向你投降，情势瞬息万变，怎么能事先定好日期呢？只有等好时机一出现，就立即行动。

心理感悟：“反动”做派是取信于敌的好方法。

阚泽向黄盖说明情由后，又去甘宁寨中，试探诈降的二蔡。如果骗取二蔡的信任，就可以通过二蔡与曹操的特殊沟通渠道强化证明黄盖、阚泽向曹操投降是真实的。
甘宁
要想让二蔡说出真心话，难度非常之大。诈降潜伏之人，哪里会轻易暴露自己？阚泽的办法就是“袒露互惠效应”。
给你们用我的香皂。
给你用我们的洗发香波。
每个人都有不会轻易告诉别人的秘密。如果你把自己的秘密告诉别人，那么这个行为就等同于一种施惠。对方往往也会袒露自己的秘密，以作为你对他信任的相应回报。这就是所谓的“袒露互惠效应”。
上当！
阚泽要想诱引二蔡说出他们作为最高机密的真心话，就得先向他们说出自己的秘密真心话。阚泽和甘宁故意在二蔡面前演了一出双簧戏。
双簧
就显他的能耐，根本不把我等众人放在眼里！

二蔡看到这两个人摆明了一副要反叛东吴的样子。立即走入帐中。
二位有何烦恼?
我们的苦恼，你们怎么能了解?你们跑到这里投降，以为这里很好吗?
二蔡此时再无怀疑，大胆地表露身份。
二位是想投曹吧?
我们是曹丞相派来诈降的。如果你们有意投奔曹丞相，我们可以做个引荐!
甘宁和阚泽装作大喜，四人当即举杯共饮，秘密商谈助曹破吴。
蔡和随后发信给曹操说，甘宁反吴，已与我等接头，共为内应。阚泽则发信告知曹操说，黄盖很难确定来投之日，但看船头插青牙旗者，即来投之粮船。
大汉邮政
曹操收到这两封来信，心内虽喜，但还是想派人以公开的身份，再去江东探看一番。这时蒋干又自告奋勇，愿意前往。上次他过江盗书，害得曹操中了周瑜之计，错杀蔡瑁、张允。怎能还让他前去?
你还是省省吧!

我上次劝降周瑜没成功，心里很过意不去。这次我再去一次，如再不成功，我甘愿接受军法处置。
蒋干没有回避上一次的不成功，并明确表示了自己对未能完成这一任务的愧疚心理。正是他所表现出来的“愧疚心理”，再一次打动了曹操。
愧疚心理
所谓愧疚，就是未能合理回报他人预先施予的恩惠。上一次蒋干没有完成任务。这等于是辜负了曹操的信任。那么，从互惠原理来看，蒋干就是欠了曹操的。
欠条
受人恩惠，必图回报。当一个受惠者打着“报恩”的旗号，要给施惠者以回报的时候，施惠者必然会欣然接受。
报恩
为你壮行!
曹
此时，周瑜和诸葛亮已经定好了火攻之计。但他们发现，曹操的战船散布于江中，即便用火攻，也只能烧掉很少的船只。庞统此时正在东吴，他献了一条“连环计”。只要说服曹操将战船全部用大铁环串联起来，就可以一把火烧光。
庞统愿意过江面见曹操，蛊惑他采用这个办法。但苦于没有引荐人，如果贸然前去，恐怕曹操很难相信。正在这时，蒋干再度来访。
天助我也。

心理感悟：『报恩』是『报仇』的最好手段。

卧龙、凤雏，得一可安天下。蒋干向曹操通报庞统来投后，曹操十分高兴，热情接待了庞统。
欢迎欢迎，热烈欢迎！
曹操对自己的军事能力一向自负，就带着庞统去看自己的旱寨。庞统看后，不由叹服曹操确实是行军布阵的大行家。
傍山依林，前后顾盼，出入有门，进退曲折，虽孙、吴再生，穰苴复出，亦不过此矣。
庞统聊聊数语，却使用了非常专业的兵法术语，然后提出古时公认的几位大军事家来为曹操做铺垫，此乃最顶级的褒奖了。所谓高人，就是连拍马屁也高人一筹的人。
好舒服！
最佳拍马奖
曹操听得心花怒放，又带着庞统去看水寨。庞统看了，暗自心惊。蔡瑁、张允被曹操误杀，但没用多长的时间曹操竟然将水寨经营得像模像样。如果多给曹操一点时间，后果不堪设想。
!!
庞统又是一番夸赞，曹操心情愈发高兴，两人携手回到营中，边饮酒，边谈兵法，越说越是投机。

曹操说出自己的部队都是北方人，来到南方后，水土不服，水上操练时，绝大多数人都患了呕吐之疾，很多人也因此而死。
先生有什么好办法吗？
只需将战船，三十或五十为一排，首尾均用铁环连接锁上。各船之间，铺上宽阔木板，往来行走。别说是人，就是战马亦可通行无阻。如此，任他风狂浪急，又有何惧？
曹操大为惊喜，立即传令，让军中铁匠，连夜打造铁环大钉，锁住大小船只。众军士闻之，俱各喜悦。
庞统献计完毕，接下来就要想脱身之策了。
江东许多豪杰之士都对周瑜不满，我愿意以身为例，为丞相去说动他们来投。
如果先生你能够克成此件大功，我愿意保奏天子，封你为三公之位。
我并不是为了追求自己的荣华富贵，我只是想拯救万民啊。丞相渡江之后，请一定不要杀害百姓。

心理感悟：要善于为别人“找到”问题，更要善于为别人“解决”问题。

曹操将大小战船全部用大铁环连在一起后，果然稳如平地。军士们在其上舞刀弄枪，跃马扬威，得心应手。曹操大喜，以为这是必胜之策。
是夜，皎月升起，曹操坐在大船之上，左右侍御者数百人，皆锦衣绣袄，荷戈执戟。文武百官，以位次两旁列座。曹操环顾四周美景，志得意满。
周瑜、鲁肃不识天时，今幸有投降之人，为彼心腹之患，此天助吾也。
刘备、诸葛亮，以蝼蚁之力，竟想撼动泰山，真是不自量力，愚不可及！
东吴乔公生有两女，皆是国色天香。可惜被孙策、周瑜所娶。我现在已重建铜雀台，等我攻下江南，一定要娶了这二乔，置之台上，以娱暮年，吾愿足矣！哈哈。

曹操真是本性难移，一得意，便忘形。在下属面前竟然也毫不掩饰自己的好色之心。这也说明，曹操确实是沉浸在美好的幻象之中而无法自拔了。
好舒服！
曹操确实是三国英雄中最为全面的一位。他是唯一一位在文采武略两方面都达到了巅峰的英雄。其实，在整个的中国历史长河中，曹操在这两方面的惊人成就都是极为罕见的。
谈笑风生间，曹操忽然听到几只乌鸦，嘎嘎数声后，望南飞去。曹操取过一条长槊，站在船头上，又满饮三杯，横槊挥舞，不由壮志满怀，诗兴大发。
对酒当歌，人生几何？譬若朝露，去日苦多。
慨当以慷，忧思难忘。何以解忧？ 惟有杜康。
青青子衿，悠悠我心。但为君故，沉吟至今。
呦呦鹿鸣，食野之苹。我有嘉宾，鼓瑟吹笙。
皎皎如月，何时可辍？忧从中来，不可断绝。
越陌度阡，枉用相存。契阔谈宴，心念旧恩。
月明星稀，乌鹊南飞。绕树三匝，无枝可依。
山不厌高，水不厌深。周公吐哺，天下归心。
一个人，如果一辈子能够写出这么一篇灿烂华章，哪怕其他什么事情也不做，就已经值得青史留名了。今天的我们读到这每一个熠熠生辉的字词，揣摩曹操当时的心境，不由心神俱醉。
喝多啦？醉成这样！
没喝酒，读短歌行了。
短歌行

这首短歌行的基调颇有些低沉，也感人至深。在座诸人中，扬州刺史刘馥坐不住了。指出“月明星稀，乌鹊南飞。绕树三匝，无枝可依”这句话很不吉利。
曹操酒性诗兴并发，吟出了这首千古绝唱，一时还沉浸在诗歌的意境中，听到刘馥这样说，勃然大怒！
你怎么敢败坏我的兴致？！
曹操在酒精的作用下，已经失去控制力，手起一槊，当场将刘馥刺死！
次日一早，曹操酒醒过来不禁大为悔恨。毕竟现在破吴尚未成功，如果因为自己的放纵，让军心松弛，后果就很难逆料了。而刺死屡立功勋的刘馥，更是会让将士寒心。
曹操流着泪向刘馥的儿子刘熙郑重地道歉。命刘熙将刘馥的遗体运回许都，以三公的厚礼安葬。刘熙因此而逃脱赤壁大难。也可以说，刘馥用自己的死，换来了儿子的生。当然，这并不是他有意为之。但冥冥中的安排谁又能预料呢。
再说曹操检阅水军。水军各队战船冲波激浪，稳如平地。
若非天命助我，安得凤雏妙计？铁索连舟，果然渡江如履平地。

心理感悟：解忧之酒，亦可生忧。

周瑜的中军大旗被大风吹折，周瑜这才发现，如果用火攻，烧的反而是自己。周瑜急火攻心，口吐鲜血，倒地不起。
诸葛亮早已预测到在十一月二十日到二十二日之间会有东南风。于是，假意设七星坛祈风，风起后迅速逃回夏口，部署抢夺战利品。
东风初起，周瑜立即调兵遣将。黄盖先给曹操送去密信，并在船上插好青龙牙旗为号，满载引火之物，伪作粮船。众船依次而发。
程昱突然发现东南风起，急忙来见曹操。
曹
今日东南风起，甚是不祥，望丞相察之。
冬至一阳生。来复之时，安得无东南风？何足为怪。
再说曹操看见黄盖来投，大喜！
曹
看！公覆来降啦，此天助我也！

粮船应该重而稳。来船却是轻而浮，必然有诈，现在东风甚急，千万别让它靠近！
曹操顿时醒悟，但已经太晚了，黄盖将数十条船点着了火，直入曹军大寨。曹军战船均被铁链锁住，动弹不得。一时间，火焰漫天，曹兵被烧死溺死者不计其数。
曹
曹操见势不妙，带着一帮见机较快的谋士武将，纵马加鞭，狼狈逃窜。
逃至乌林之西，曹操回望火光渐远，又看看树木丛杂，山川险峻，不由放声长笑。
哈哈哈！

胜必骄，败不馁。正是曹操的招牌动作。
胜必骄
败不馁
赤壁之战，曹操的绝对优势被一把火烧了个精光。换了其他人都会被烧出原形。但曹操不同，“天命”和他原本就具备的强大的心理免疫能力持续交互，已经形成了他异于常人的类似于深度迷信的精神动力来源。任何的困难挫折，都不能让他轻易屈服。
天命
心理免疫能力
油
油
所以，尽管这一次老天爷没有帮他的忙，他也没有对老天爷彻底失去信心，更不会像绝大多数人那样将一切责任都推到老天爷身上，并对老天爷破口大骂。
而一般人在这个时候如果还能够笑得出来，那也一定是笑得比哭还难听。但曹操的笑确实是率性而发，毫不作伪。
众人虽然知道曹操的脾性，但还是有些不解。毕竟这一次失败，是曹操整个军事史上最惨烈的失败。

我笑周瑜无谋，诸葛亮少智。如果换成是我用兵，就在这里埋下一支军马，那我们就插翅难逃了。哈哈哈！
曹操低估了他一生中最难对付的对手——诸葛亮。笑声未了，赵云杀出！徐晃、张郃拼死迎上，曹操率众逃窜而去。
赵
曹操再次逃脱，天已微明，曹操得知此处是夷陵葫芦谷口时不禁又是仰面长笑。诸人再问缘故。
哈哈哈
我还是笑诸葛亮和周瑜的智谋不够啊。如果是我用兵，就在这也埋伏一支军马，敌人哪里还有逃生之机呢？哈哈哈！
笑声未了，张飞横枪立马，暴喝而出。曹操吓得心胆俱寒，急忙逃窜。许褚骑了一匹无鞍马，来战张飞。张辽、徐晃两将，也纵马迎上，死死敌住。
张

连续遭遇伏击，连续成功逃出，让曹操的信心再度恢复。老天爷还是眷顾我的啊。
曹操逃至华容道，又是一阵大笑。这个地方比前两处还要险要。但很不幸，关羽早已在此等候。
关
关羽素来欺强而不凌弱。丞相你有旧恩于他，你亲自和他谈谈，定能够逃脱此难！
程昱其实是将了曹操一军。您老人家以前不是经常教导我们说，关羽是大忠大义之人，还要我们向关羽学习吗？现在，该您出马去搞定他了。
将！
曹操纵马上前，欠了欠身。在人际交往中，占据较高位置的人更具优势。而曹操这一欠身，就等于是自低身态了。
示弱足以克强。曹操的这一低姿态给了关羽很大的心理压力。
将军别来无恙?
我奉军师将令，在此等候丞相多时。

关羽无非是想告诉曹操，我是奉令行事，公事公办，你就免开尊口吧。要不是关羽自尊心太强，他也许还会再加上一个关键词——军令状。关羽可是在军师面前立了军令状的。
军令状
——关羽
说话含蓄往往给自己带来被动。既然你没有奠定拒绝的基调，曹操可就先下手为强了。
我兵败势危，到此无路，望将军以昔日之言为重。
关羽确实承诺过要报答曹操的。但一般而言，报答是以不牺牲自己的脑袋为前提的。
我斩颜良、文丑，已经报答过丞相的大恩了。
云长，你还记得我灞桥相送吗？你还记得五关六将吗？
灞桥相送，曹操送了锦袍与金子。关羽没有曹操的过关文书，擅自闯关，杀了曹操六员大将，但曹操没有丝毫怪罪于他，反而派张辽一路追赶，送他过关文书。
这些恩惠，发生在斩颜良、文丑之后，是关羽没有报答的。关羽无话可说。

心理感悟：最大的自信来自于迷信。

建安十五年春，赤壁大火一年多后，铜雀台建成。曹操大会文武于漳水之畔的邺郡，设宴庆贺。
为了助兴，曹操命众武将比试弓箭。近侍将一件锦袍挂在垂柳枝条上，并在其下设一箭垛，以百步为界。
曹操将武将们分为两队比试弓箭，凡曹氏宗族（姓曹的和姓夏侯的）身穿红袍，其他外姓大将身穿绿袍，规则是：射中箭靶红心者，奖励红锦战袍。
红袍队的曹休首先射中红心。近侍正要去取锦袍赏赐给曹休，绿袍队中的大将文聘拈弓纵马，也是一箭射中红心。
锦袍是我的！
红袍队的老将曹洪飞马而出，也是一箭直中红心。
小将军先射中，你为什么要来抢夺？且看我为你们俩解箭。

接着绿袍队的张郃和红袍队中夏侯渊也接连射中红心。
绿袍队的徐晃急了，一箭射断柳条，纵马向前，将落下的锦袍披在身上。
锦袍归我啦！
绿袍队中却起了内讧，许褚猛然冲出，前来抢袍。两个人扭做一团厮打，一件锦袍竟然被撕个粉碎！
曹操急忙喝止，令二人上台。这两人横眉怒目，咬牙切齿，不肯罢休。曹操的部下向来以团结著称，为什么今日为了一件锦袍就纷争激烈？不但红袍队与绿袍队互不相让，而且绿袍队中徐晃、许褚竟然当着曹操的面厮打起来？

心理学家谢里夫于 20 世纪 60 年代做了一个实验，正可以完美地解释这一现象。他为了研究不同群体间的冲突现象，来到了由一群小男生组成的夏令营中调查研究。

研究发现，要使这群小男孩相互之间产生敌意非常容易。只要把它们分到两个宿舍就足以造成一种“我们”和“他们”的区别对比心态。

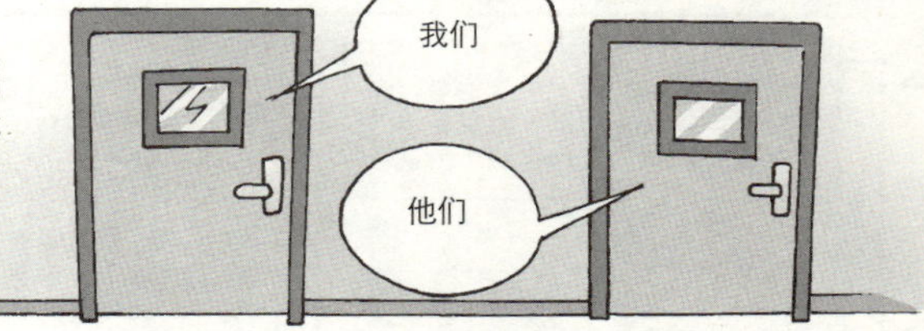

如果再分别给两个宿舍取“雄鹰”和“响尾蛇”的名字，又会极大地加剧相互间的竞争对抗心理。

等到研究者引入了一些体育竞赛等竞争性的活动时，这两个群体之间的敌意就更加明显了。甚至引发了双方之间的谩骂、争吵、起绰号等不雅行为。

最后，这些小男孩甚至发展到袭击对方的宿舍，偷走或烧掉对方的旗帜，张贴威胁对方的字条等。

曹操将众武将分为宗族红袍队和外姓绿袍队，和谢里夫的实验中给两个宿舍取不同的名字实属异曲同工，直接加剧了各成员的群体归属感，进而加剧了相互间的竞争意识。
红队
绿队
雄鹰
响尾蛇
而这场射箭游戏属于单人项目，用不着团队配合，所以，随着竞争的白热化，群体内部也出现了内讧。
绿
队
出现这样的场面倒是曹操没能预见的。
我只不过是想看看你们的箭术，不必为一件锦袍争吵嘛！
曹操的做法看似“和稀泥”，但却是有效地消弭争端的好做法。否则，就将为未来的团队合作留下阴影。一场闹剧，就此欢快收场。
兄弟别介意啊！
哪能呢！
曹操诗兴又起，准备写一首《铜雀台赋》，这时侍从来报。
东吴派华歆为使者，来表奏刘备为荆州牧。孙权已经将妹妹嫁给刘备。现在汉上九郡大多已经归于刘备。
啪！

心理感悟：共同的目标既可以引发团结，更可以引发竞争。

烈士暮年

刘备得了荆州后，曹操十分忧虑。决定命西凉马腾入京，让他领兵南征。马腾接到宣召后，立即带着全家老小上路。
马
马腾做出这样的决定，是因纵观所发生的的一切，马腾已深信天命在曹，他决定放弃当年的梦想，向命运妥协，面对生命中的种种无奈，放弃与妥协、欺骗与自我欺骗都是极为常见的选择。
梦想
命运
马腾也留了一手，他让长子马超镇守西凉。这样，马腾相信曹操也不敢对自己轻举妄动。
马
一个怀有异心的人，是不可能带着家小深入虎穴的。曹操明白马腾想要表达的意思，当即进行封赏，并命他前去征讨刘备。
马腾的入京，让汉献帝古井不波的内心重新荡起波澜。汉献帝宣召他入宫，带他来到了麒麟阁。

献帝在游说方面还是有一套的，马腾虽然决定向曹操妥协了，但他毕竟是忠于汉室的。一番言语后，马腾表示，愿以全家来报效陛下。
黄参谋请。
请。
马腾回去后，曹操开始催促进兵，又派来门下侍郎黄奎为行军参谋。
马腾的第一反应就是曹操对自己不放心，特意派此人来试探自己。
我发誓要诛杀反国之贼。没想到今天又被反贼差使，真是难以忍受！
休得胡言！
你的先祖是汉室名将，现在你却从贼，竟要去征讨刘皇叔，你还有什么脸去面对天下人？！
“袒露互惠效应”再一次发生了作用。黄奎冒着生命危险，吐露了内心的真实态度，马腾怎不动容？
你说的果真是真心话？

黄奎咬破指头发誓，马腾这才深信不疑，将此前献帝重托之事告诉了他。两人一起商议好趁大军出行前请曹操检阅的机会诛杀他。
黄奎回到家中，情绪仍未平复。小妾李春香知道他心中一定藏有心事。李春香正与黄奎妻弟苗泽私通，就将此事告诉了苗泽。
苗泽对姐夫黄奎的立场十分了解，他有意趁此机会弄事，独霸春香。他要春香以言语挑逗黄奎，以探知真相。苗泽所用，也正是“袒露互惠效应”。
我听人说刘皇叔为人仁德，而曹操是个奸雄。夫君，你说是不是呀?
你一个妇人，也很有见地呀，过不了几天，我就杀了曹操给你看。
春香将此言告诉苗泽。苗泽当即向曹操告密。曹操立即将马黄两家，共三百余口全部拿下，皆斩于市曹。

心理感悟：假话不可不防，真话亦不可不防。

曹操随后亲率大军赶到。马超纵马挥枪，直取曹操，势不可挡。曹操掉转马头急忙逃命。
穿红袍的是曹操！
长胡子的是曹操！
曹操急忙挣脱了红袍。又拔出佩剑，割断了长须。
曹操虽然脱险，但丑可是出大发了。马超却凭借这一仗名扬天下，赢得“白袍将军”的美称。
白袍将军
出丑丞相
次日，曹操准备分兵夹击马超，曹操坐在胡床上观看军士渡河时，马超杀将过来。曹兵顿时惊慌失措，曹操的心理素质真是过硬，为了稳定军心，居然坐在胡床上一动不动。
曹

许褚眼看马超距离曹操已经不足百步了，一把拽住曹操，将曹操拖上了船。
小贼来了又何妨?
马超吩咐射箭。许褚一手用马鞍当做盾牌，另一手撑篙。而曹操只好把身体平贴，伏在许褚脚下。人在危急时爆发出的潜能，令许褚完成了这次不可思议的救护任务。
曹操平生遇险无数，但就属这次最惊险、最狼狈。曹操逃脱上岸，只见许褚全身铁甲之上插满了利箭，而曹操却毫发无损。
众将纷纷拜伏于地，为曹操称贺。此前曹操逃脱大难后，诸将也纷纷为其称贺，但从来没有出现过拜伏于地的现象。
看起来，曹操出了这么大的丑，反而强化了他的权威感。这是为什么呢？其实，这是“出丑效应”在起作用。
出丑效应

约翰·肯尼迪在担任总统期间，试图入侵古巴，推翻卡斯特罗政权。这一事件遭到了惨败。但肯尼迪的民众支持率反而上升了。人们因为他的过失，反而更加喜欢他了。

阿伦森对此进行研究后，提出了“出丑效应”。就是对于一个能力超群的权威性人物来说，他身上的缺点或行为上的失误反而能够增加他的吸引力。

“出丑”之所以能够增加“出丑者”的魅力，有一个重要的前提：出丑者必须早已树立起自己强大的、睿智的超级形象。而对于庸庸碌碌者来说，出丑只能让他们更加颜面扫地。

人们之所以对权威性人物如此宽容，是因为当他们发现了他的“丑处”后，反而觉得他也会“食人间烟火，犯人间错误”，更具贴近感和真实感，从而进一步增加了出丑的权威性人物的魅力。

肯尼迪的个人声望非常高。他年轻、英俊、机智、富有魅力、体格健壮，几乎具备了人类所能够拥有的一切优良品质。

他是一位畅销书作者，一位精通政治的战略家，一位战争英雄，他还拥有一个成功而又团结的家族。他简直太完美了！但过于完美也会让人有疏离之感，而他的失误就如白璧微瑕，这“瑕”决不掩瑜，反而让“瑜”更为亲近可靠！

心理感悟：璧上增瑕有时反而胜过锦上添花。

贾诩
丞相不如用离间之计，令韩马相疑，然后一鼓作气将其击破。
哈哈！吾大事济矣！
韩遂是一个重情义、抹不开面子的人，这就是个突破口。而马超、韩遂两人轮换对敌的方法，更是为曹操提供了良机。
明天轮到谁了？
是韩遂。
次日，两军列阵，曹操独骑上前。西凉兵都被曹操的气势震慑住了，没有一个人轻举妄动。
曹
请韩遂出来叙叙旧。
韩遂也单骑出列，与曹操马头相交。
何事？
我们一起在京师时，都是青春年少，没想到一晃几十年过去了啊。将军今年妙龄多少了？
韩遂
我已经四十岁了。

韩遂没想到曹操竟与他拉起了家常，也就放松了神经。两人一谈起往事，眼前的纷争顿时被抛到了九霄云外，竟然谈了整整一个时辰。
韩遂回营，马超赶来询问究竟。
我们只谈了京师旧事。
马超内心惊疑不定。在他心中埋下了对韩遂不信任的种子。而不信任正是联盟的大忌。
怎么会不谈军旅之事呢?
曹操都没说，我何必和他说呢?
曹操又写一封信给韩遂，信中多写朦胧之语，又在要害处故意涂抹修改后送给韩遂。马超赶来索看信件，见上面涂涂画画，果然生疑，追问究竟。
曹操原信就是如此。
是你怕我知道详情，故意涂改的吧?
曹操原信就是如此。

你如果不相信我，待我明天阵前叫出曹操，你从阵内冲出，一枪将他刺杀，也好显我清白！
那好！
次日，马超藏在阵中，韩遂出阵，高叫请曹操出来答话。
曹
马
曹操一听韩遂来约，知道离间信已经起了作用。当下派曹洪出去应答。
昨夜丞相知会将军之事，切莫有误！
为什么曹操的离间计会产生作用？
成功
马超听到了这句话，更是验证了他心中先入为主的判断，气得挺抢而出，就要挑杀韩遂。众将急忙劝止。

人们倾向于在不同的事物之间发现关联，找出原因。在这种主观意识的驱动下，往往就会出现“错觉相关”，即把没有任何关联的事物看成是有联系、有因果关系的。
风
马
牛
密信往来
涂抹内容
阵前密谈
阵前关照
在马超看来，阵前密谈、密信往来、涂抹内容、阵前关照，每一步都是环环相扣、步步推进的。因此曹操的离间之计遂成。
“错觉相关”普遍地存在于人们的认知判断中。曹操也因此中了周瑜之计，而善于学习领悟的他，也让马超中了他的计。
反间计
反间计
马超对韩遂无端猜疑，令韩遂的部将非常恼怒，纷纷劝韩遂向曹操投降。韩遂本不想降，但马超的恶行恶相，已使韩遂心灰意冷。
韩遂等人正在商议具体投降举措时，马超得报赶来，拔剑要杀韩遂，但他却不知道，这一切都是自己造成的。

心理感悟：联盟是这个世界上最靠不住的东西。

张松心里很不高兴。这是因为**“反事实思维”**在作怪。
一般来说，反事实思维是指对过去已经发生的事实进行的不真实替换。比如，人们迟到的时候，会寻思“如果早点动身就不会迟到了”。
人们考砸的时候，会寻思“要是再加把劲这次考试就能及格了”。但这个概念也可以在某些情况下扩延至对未发生事实的一种提前确认，并在此基础上判断、行事。
不及格
张松所带的西川地形图，对于曹操来说是一个巨大的恩惠。但是，张松尚未施恩，就已经在潜意识中将此预演为一件已经发生的事，从而以恩主的姿态傲然自居，所以会对曹操的傲慢深感不满。
不满
西川地图
曹操见了张松，顿时找到了自信。曹操一向在容貌身材上有些自卑，但这个张松，额镢头尖，鼻偃齿露，身短不满五尺，在他面前，曹操简直就是一个美男子、伟丈夫了。

你的主公刘璋这些年来怎么不来进贡啊？
老子要把西川献给你，你却给老子摆架子？
因为盗贼丛生，所以没能前来。
我已经扫清中原，哪里还有盗贼？
南有孙权、北有张鲁，中有刘备，怎么能说是天下太平呢？
曹操没想到面前的这个人长得难看，话说得更难听，当下拂袖退入后堂，把张松晾在了当场。
蠢货，敢顶撞丞相？还不快快退下！
我川中从来就没有谗佞之人！

你川中没有谗佞之人，难道我中原就有谗佞之人吗？
你家世代簪缨，为什么不立于庙堂辅佐天子，却在丞相府当一个区区的小吏？
我虽小吏，但丞相对我很看重，听他教诲，受益良多。
他有什么能耐可以教诲你？
杨修只有将曹操推崇成天下第一，他这个小吏才算当得面上有光。杨修取出曹操写的《孟德新书》给张松看。此书是曹操写完让杨修勘误的，旁人从未见过。张松翻看一遍，把书一扔，非常不屑。
哈哈，这本书是战国无名氏所写，我蜀中三岁小儿都能熟背。曹丞相盗窃抄袭，也只好骗骗你们这些人！
胡说！
既然你不信，那我就背给你听。

说完，从头到尾，一字不落地背了出来。杨修大惊，这才知道张松果然有奇才异能。
杨修折服了，他来见曹操，推荐张松，将张松过目不忘之事说了一遍。
他吩咐杨修，次日带张松到西校场参观阅兵。这是曹操的反炫耀之举。
这是曹操没想到的。但曹丞相也是个好面子的人，他决不肯给张松一个通过炫耀来贬低自己的机会。曹操将自己的书撕个粉碎。此书就此绝传。
次日，曹操点起雄兵布列于校场。只见盔甲鲜明、戈戟参地，好不雄壮威武。
你们川中可见过如此雄壮之兵?
我蜀中只有以仁义定天下之人，不曾见过这等兵马。

心理感悟：靠贬低别人挽不回自己的尊严。

这时，董昭建议曹操受魏公之位，并加九锡。
所谓九锡，是指车马、衣服、乐悬、朱户、纳陛、虎贲、斧钺、弓矢、秬鬯圭瓒这九样东西。这是天子赐给诸侯、大臣有殊勋者的九种器用之物，是最高礼遇的表示。
曹操已经位极人臣，没有“合法”上升空间了。他一直在等待天命来临，但天命似乎却又若隐若现。董昭的建议令他茅塞顿开，既然不能一步到位，那就拾级而上吧。
龙椅
王椅
曹操正要行动，但曹操真正意义上的第一个谋士——荀彧却出来反对了
反对
荀彧在曹操的起家过程中发挥了重要作用，曹操对他极为倚重。但曹操决心已定，就魏公之位，加九锡。
荀彧追随曹操，是为了匡扶汉室。但随着曹操日益专权，荀彧渐渐感到离自己当初的目标愈来愈远。现在曹操要升任魏公，篡逆之心就十分明了了。荀彧再也无法克制内心的认知不协调，只能加以阻止。
王椅
我意已决！
荀彧掩泪而出，悔恨痛心之情，充溢心胸。曹操知道荀彧再也不肯帮助自己了，心中是五味杂陈，但成分最浓的还是对于背叛的愤恨。

曹操命人送给荀彧一盒食品。盒上有曹操亲笔之字，打开一看，却空空如也。
荀彧知道了曹操的用意，服毒而死。曹操闻之，却又有几分懊悔，命人将荀彧厚葬。
曹操荣升魏公之后，很快又有人要尊曹操为魏王。此议刚出，荀彧的侄子荀攸又站出来反对了。这令曹操十分愤怒。
他难道也想仿效荀彧吗?
这句话传到荀攸耳中，忧急愤悔交迸之下，荀攸卧病不起，十几天后就去世了。
荀攸的死令曹操倍感压抑，他无心在这样的心情下登上魏王的宝座。这件事就这样被搁置了下来。
汉献帝与伏皇后商议，要皇后之父伏完设谋杀掉曹操。伏皇后写好密信，找来宦官穆顺送信。穆顺将密信藏在头发内，来见伏完。伏完写了回信，仍令穆顺藏在发髻内带回宫。

心理感悟：正义尽管经常势单力薄，但却绝不会成为孤家寡人。

汉献帝因群臣之“请”，下诏册立曹操为魏王。曹操大喜，假意推辞三次。就了魏王之位。
魏王
曹操开始琢磨立世子的事。曹操现有曹丕、曹彰、曹植、曹熊等二十多个儿子。但曹操最喜欢曹植。人总是喜欢与自己相像的人。曹植的文学才华冠绝天下，这一点曹操极为欣赏。
曹植
曹儿
曹儿
贾诩知道如果能帮曹丕继承王位，那自己的荣华富贵也就不言而喻了。但这件事一旦应对不当，很容易引起曹操的猜忌，甚至丢了小命。
我是在想袁绍和刘表父子啊。
我问你到底立谁好！想什么呢？
袁绍和刘表都因为废长立幼导致了内乱，进而引来了外患，终于身死族灭。曹操当即明白了贾诩的意思，于是就立曹丕为世子。
袁绍家族
前车之鉴
刘表家族

贾诩的做法很巧妙。如果他直截了当地为曹丕说话，曹操会发现自己的利益诉求，引来很严重的后果。而他装出若有所思的样子，列举袁绍、刘表父子的负面案例，毫无痕迹地将自己置于中立的立场，只有这样的说服才能够打动曹操，并不招致猜疑。
世子运动会

魏王宫建成后，术士左慈来访，对曹操一番戏弄。曹操对左慈的幻术惊疑不定，因而成疾，服药也无济于事。
药

太史许芝向他推荐神卜管辂。此时关于管辂的奇闻异事已经传遍九州。

比如，郭恩兄弟三人都是瘸腿，请管辂卜卦。管辂卜卦后说，郭恩的父亲在饥荒之年曾为了几斗米而将叔伯母推落井中，又扔下一块大石头。所以郭氏三兄弟才有此报应。郭恩知道确有此事，连忙认罪。

又如，安平太守王基之妻常患头风，而其子又常心痛。管辂卜后说，衙府西头，有二死尸，一个持矛，一个持弓。持矛者主刺头，故其妻头疼，持弓者主刺胸腹，故其子心痛。
挖地八尺，果如管辂所言。王基按管辂吩咐，将二尸体在郊外埋葬后，妻儿不药而愈。
还如，管辂指点了一位赵姓少年，向南北二斗星君巧妙祈求，终于让这个命中注定要天折的少年能够活到九十九岁。
人们在对事物的认知上存在着一种“易得性直觉”。就是指那些生动的、容易想像的和具体的事件，要比本质上乏味的、难于想像的或者模糊的事件更容易被认知、记忆、回忆。
管辂这些神乎其神的故事，简直就是贴合“易得性直觉”而量身定做的，从而使管辂非常具有神秘而强大的影响力。
易得性直觉

曹操请来管辂，向他询问左慈之事。
这不过是幻术罢了，用不着担忧。
这句话已经有多人向曹操多次说过，但毫无作用。同样是这句话，在管辂口中说出来就不一样了，曹操顿觉心安，立即不药而愈。
超级心理医生
药
垃圾桶
真的是管辂治好了曹操的心病吗？可以说是，也可以说不是。说“是”，是因为确实是管辂说完这句话后曹操才康复的。
这不过是幻术罢了，用不着担忧
说“不是”，是因为这只是曹操自己内心的认知有了颠覆性调整，管辂只不过说了一句大众都会说的话。可见，对于权威的“迷信”，会给自身带来多么大的影响。
精神疗法
你看看我的面相如何？
位极人臣，又何必相？

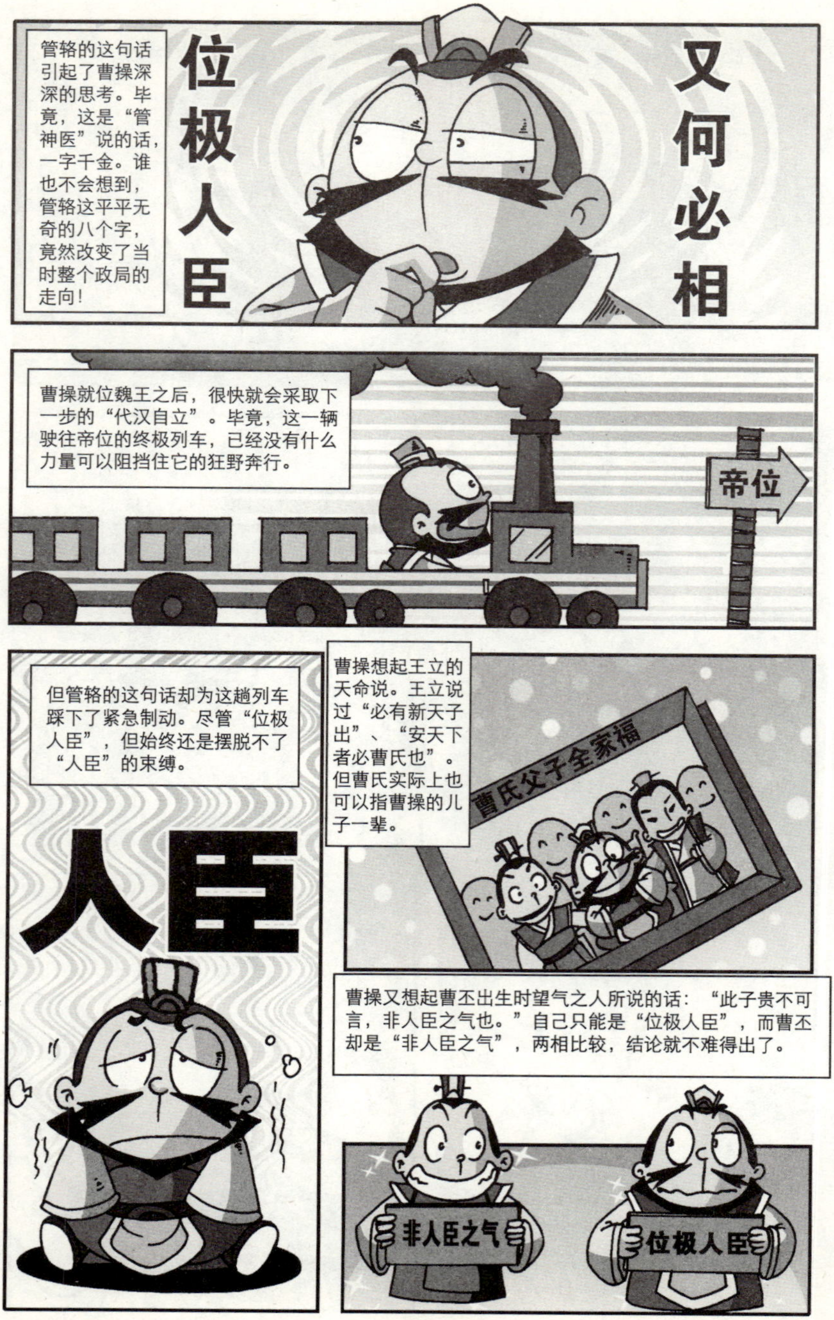
管辂的这句话引起了曹操深深的思考。毕竟，这是“管神医”说的话，一字千金。谁也不会想到，管辂这平平无奇的八个字，竟然改变了当时整个政局的走向！
位极人臣
又何必相
曹操就位魏王之后，很快就会采取下一步的“代汉自立”。毕竟，这一辆驶往帝位的终极列车，已经没有什么力量可以阻挡住它的狂野奔行。
帝位
但管辂的这句话却为这趟列车踩下了紧急制动。尽管“位极人臣”，但始终还是摆脱不了“人臣”的束缚。
人臣
曹操想起王立的天命说。王立说过“必有新天子出”、“安天下者必曹氏也”。但曹氏实际上也可以指曹操的儿子一辈。
曹氏父子全家福
曹操又想起曹丕出生时望气之人所说的话：“此子贵不可言，非人臣之气也。”自己只能是“位极人臣”，而曹丕却是“非人臣之气”，两相比较，结论就不难得出了。
非人臣之气
位极人臣

心理感悟：迷信只能用迷信来消除。

曹操接到讯报，刘备派张飞、马超前来进犯。曹操派兵前去抵挡。
这时，侍中少府耿纪与司直韦晃见曹操爵至魏王，十分不满，就商量如何铲除曹操。
他们又找来金祎和吉平的两个儿子吉邈、吉穆一起设谋，决定趁正月十五许都大张灯火、庆祝元宵之际，放火行事，请天子登五凤楼，召集百官，宣布曹操罪证，宣召百姓杀贼。
这个计划其实不过是秀才之见。以数百僮仆，怎么能对抗得过曹操的铁甲雄兵呢？但这五个人不屈服于权贵的精神仍然值得尊敬。
这个毫无经验的“火攻五人组”的结果当然是被曹操尽数擒住。老小宗族，全部被斩。
但接下来曹操却做了一件令人匪夷所思的事情。他将百官全部聚集到校场上。校场上左侧立了一面红旗，右侧立了一面白旗。

曹操的这个做法，毫无道理。人不可能一世英明。特别是一些身居高位者，往往会在生命的最后阶段做出一些不可理喻的事情来。

心理感悟：对命运的全盘接受会让你放弃奋斗的自由。

曹操屯兵日久，进退两难，这时厨师做好了鸡汤送来。曹操看看碗中的鸡肋，若有所思。夏侯惇进来请示晚间军中所用号令。曹操随口回了一句：“鸡肋！”
令
夏侯惇便吩咐各营上下，夜间巡查均用“鸡肋”为号。
杨修听说今晚的号令为“鸡肋”，立即吩咐随行军士收拾行装，准备归程。夏侯惇不解，便去向杨修询问。
德祖公，你为什么要收拾行装?
杨修现年三十四岁，比夏侯惇小十几岁。官职也比夏侯惇小很多。但夏侯惇却恭敬地称他为“公”，这说明杨修在夏侯惇及诸将领中享有很高的威望。
这是因为杨修出身名门，博学多才。而他最为突出的特长就是能够洞察曹操的心思。
CT

有一次，曹操在新建的一座花园的门上写了一个“活”字后，扬长而去。主事之人百思不得其解。
活
门内加一“活”字，就是“阔”字。丞相是嫌门太阔了。
主事之人立即改造园门，曹操本来是想和下属开个玩笑，也显显自己的智慧。如果下属久猜不出，就得去请教曹操，曹操会很开心。但现在杨修猜了出来，使曹操少了很多快感。
还有一次，曹操在一盒点心上写了“一合酥”三个字，就去睡觉了。杨修见了，就取了一个调羹，叫来众人，说：“丞相请客，每人吃一口。”
一合酥
曹操醒后……
盒里的点心呢?
丞相写的“一合酥”，拆开来看，就是“一人一口酥”。大家尊命行事，一起吃了。
哈哈，还是德祖明白我的意思啊。

曹操的心理其实有些矛盾。如果没人识破他的用心，他会觉得没意思。但像杨修这样很快就猜透他的心思，也让他觉得没意思。
反正都没意思！
一合酥
后来发生的一件事，让众人对杨修更加刮目相看。曹操怕被近身的人刺杀，就吩咐左右，说他梦中喜欢杀人，他睡着的时候，千万不要靠近。
一次，他睡觉时把被子踹到了地上，一名近侍前去拾捡被子。曹操一跃而起，将这名近侍杀了，然后上床继续睡觉。
曹操“醒”来后惊问：“谁杀了我的近侍？”左右据实以告。曹操痛哭流涕，将这名近侍厚葬。
但杨修却知道曹操的真实心思，在这名近侍的丧礼说：“可惜啊，你不过是一件工具罢了。”杨修的话，让在场的人深感杨修是唯一能够洞悉曹操心理的人。

所以，夏侯惇才会恭恭敬敬地向杨修请教。

曹
夏侯惇对杨修的判断佩服得五体投地，也收拾起行装，其他的将士也依样照做。
晚上，曹操心烦意乱，就起来到营寨间转悠。这一转，把他吓了一跳。主帅尚未发令，大家都在忙着收拾行囊。难道都想撂挑子不干了？！
夏侯惇向曹操说明缘由，曹操把杨修叫来。杨修以为这不过是另外“一合酥”，轻描淡写地将“鸡肋说”再复述一遍。
你敢乱我军心！推出去斩！
很多人以为曹操之所以要杀杨修，是因为妒忌杨修的才能胜过自己，能够洞察自己的内心。其实不然。
嫉妒

都是才华惹的祸
曹操其实颇有几分赏识杨修的才华，但他绝不能容忍杨修用才华来干涉军政大事和接班人选的决策。
欣赏
不容忍
曹操喜欢三子曹植，想改立曹植为王太子。而曹植对杨修言听计从。杨修往往提前准备好一套说辞给曹植。曹植因此在曹操面前对答如流。
但曹丕却将此事告知了曹操。曹操对杨修干预接班人选十分不满，认为他必有野心。但也没有对杨修采取措施。
但“鸡肋”事件却让曹操心惊。杨修的一句话，竟可以让跟随自己几十年的心腹大将夏侯惇俯首帖耳！曹操顿时觉得自己低估了杨修的影响力了。
如果自己百年之后，杨修凭借着这份影响力介入曹丕、曹植的继位之争，很可能会决定最终的结果。这显然不是曹操愿意看到的。
继位专场

心理感悟：才智使用不当，即成“思想鸡肋”。

杀了杨修之后，曹操已经没有持久作战的兴致了。只好灰溜溜地撤军了。
刘备随后应群臣之请即汉中王之位。
织席小儿，安敢如此！看我不灭了你！
司马懿这个人鹰视狼顾，他屡次献计，曹操都置之不理。司马懿屡屡不能“中彩”，有点着急了。
王上息怒。我有一计，可灭刘备。
孙刘暗中不合。王上只需派人说动孙权，进攻荆州，刘备必然发兵援救。到时，王上再派兵攻打，刘备首尾不能相救，必然败北。
司马懿这一次终于“中彩”了，曹操采纳了他的建议。
中啦！中啦！
曹氏彩票站

孙权虽然心动，但还是给了刘备一次机会，却被关羽羞辱。孙权大怒，决定要对荆州下手。
关羽随后发动北伐，势如破竹。曹操大惊，决定迁都。曹操雄豪一世，难道是被关羽的神威吓坏了吗？
其实，一个人的身体状况对于他的决策、行动有着莫大的关系。曹操已经不是当年那个笑傲江湖的枭雄了。岁月与疾病消蚀了他的肌体健康与满腔雄心。所以，曹操才会示弱。英雄迟暮，终至落幕，是何等的凄怆与悲凉啊！
但司马懿却站出来反对，前一次的“中彩”给了司马懿莫大的信心和勇气。而上天总是眷顾将自信与勇敢合二为一的人。
孙刘外亲而内疏。关羽连连得手，孙权必不情愿。王上只要派人去东吴陈说厉害，叫孙权在关羽背后暗暗起兵，定可消灭关羽。

这一次司马懿又“中彩”了！曹操依计而行。
又中啦！
孙权令吕蒙抄了关羽的后路。关羽被擒。孙权杀了关羽后，又担心刘备报复，就将关羽的脑袋送到许都，以图嫁祸给曹操。
曹操打开盛放关羽首级的木匣一看，关羽面目栩栩如生，曹操受了惊吓，竟然昏绝过去。众人急救，良久方醒。
曹操头疼欲裂，于是将华佗请了过来。
此病的病根在脑袋中，需先服用麻沸散，然后用利斧砍开脑袋，取出风涎，此病就可以根除。
从现代医学的角度来看，曹操所患之病应该是“慢性硬脑膜下血肿”，确实可以通过开颅手术进行治疗，其成功率在90%以上。但在当时的世代，用利斧劈开脑袋做脑外科手术，实在是太过骇人听闻。

心理感悟： 病痛是雄心的最大天敌。

很多对皇帝之位有着强烈野心的人，在临死之前没有条件也要创造条件过一把皇帝瘾。如果曹操不是真的大彻大悟，矫揉造作是不可能这样淡然冷静的。
悟
司马懿建议曹操封赏孙权，让他拒抗刘备。司马懿连续“中彩”后，已经深得曹操的信任。曹操欣然从之。
耶！我成中奖专业户啦！
次日，曹操觉得自己不行了。急召曹洪、陈群、贾诩、司马懿嘱托后事。司马懿因为新近的出色表现而在最后关头进入了托孤大臣的行列。曹操要这四人忠心辅佐曹丕。曹操不会想到，他亲手选定的司马懿最后会葬送了整个曹魏天下。
交待好后事，曹操长叹一声，泪如雨下，气绝身亡，时年六十六岁。
魏王曹操之墓
此后，曹丕很快代汉而立，建立曹魏帝国，追称曹操为魏武帝。

曹操的一生，杀人无算。
他杀过无辜的人，却振振有词地为自己辩护。比如吕伯奢全家，参与救火的官员；
吕伯奢
救火的官员
他杀过反对他的人，而且是斩草除根，绝不留情，比如董承、马腾、伏完；
伏完
马腾
董承
他杀过背叛他的人，比如陈宫；
陈宫
他杀过告密救了他的人，因为这些人为了些小利益背弃了旧主或亲人，比如苗泽、秦庆童；
秦庆童
苗泽
他没杀当面侮辱他的人，比如祢衡；
祢衡
他没杀在他面前示弱，甘当孬种的人，比如刘备；
刘备

他的杀与不杀，似乎没有标准，也没有规律。但是，当我们用社会心理学来察看他的这一生经过，一切都会了然于心。
心理学
无论杀，还是不杀，都是表现了曹操作为社会性动物的一员，在各种情境制约下，不由自主的一种选择。
杀
不杀
很多人认为曹操性格奸诈、残忍、虚伪、心胸狭窄、不择手段。这样的看法，主要是由于《三国演义》尊刘抑曹的写法，这当然不是真实的曹操。
虚伪
残忍
奸诈
但是，即便以《三国演义》中这个被投射了种种社会预期的“模型”来分析曹操，我们这一路走来，也已经发现，上述那些负面的评价至少并不准确，甚至还很荒谬。
怎么不像我呀！
曹操当然不是完人，他犯过错，犯过傻，也犯过楞，但这世界上又有哪一位是完人呢？
曹操的性格缺陷，以及内在心理规律制约的所作所为，其实并没有超越一般人的范畴。在很多情况下，他其实也是身不由己，别无选择。

所有大声批判曹操的人，也许你只是没有拥有他那样的际遇和舞台。如果你处在他的位置上，你不见得能在文才武略上比他做得更好。而更可能的是，你也许会比他更残忍、更狡诈……

让我们还是以曹操的《步出夏门行》组诗来结束对曹操心理的探游之旅吧。
观沧海
东临碣石，以观沧海。
水何澹澹，山岛竦峙。
树木丛生，百草丰茂。
秋风萧瑟，洪波涌起。
日月之行，若出其中。
星汉灿烂，若出其里。
幸甚至哉，歌以咏志。
龟虽寿
神龟虽寿，犹有竟时。
螣蛇乘雾，终为土灰。
老骥伏枥，志在千里。
烈士暮年，壮心不已。
盈缩之期，不但在天；
养怡之福，可得永年。
幸甚至哉！歌以咏志。
心理感悟：人往往只有在终极时刻才能真正看清自己。